A cidade que não poderia ser destruída "Ypres"

Almeida Fernández

Estados Unidos
2024

Imprimir

Título do livro: A cidade que não poderia ser destruída "Ypres"
Autor: Almeyda Fernández

Autor: Almeyda Fernández
Contato: slushydoe@gmail.com

CONTEÚDO

I. A Paris

Do ponto de vista da varanda, a vista abaixo é simplesmente hipnotizante. As extensas copas das árvores abaixo lembram uma vasta floresta, seus troncos escondidos em uma teia emaranhada de becos e praças, como se vistos do cume de uma montanha imponente. Estas árvores, firmemente enraizadas no solo da história francesa, não são mera flora; eles simbolizam a essência da terra em que prosperam. No passeio de cascalho empoeirado que corre entre o jardim verdejante e a rua movimentada, duas figuras jovens, um homem e uma mulher, estão envolvidas num jogo animado com raquetes – um dos muitos jogos de bola de segunda categoria preferidos pela pequena burguesia de França. Suas jaquetas e chapéus ficam na borda de uma pitoresca caixa de madeira que contém uma florescente laranjeira. A dupla, encharcada de suor pelo calor do sol da manhã, está sem dúvida apaixonada. Sua interação lúdica, aparentemente frívola e insignificante, contrasta com o peso do mundo fora de sua bolha. Parece quase absurda essa dança delicada de afeto, em um momento e lugar tão carregados de tensão. Parecem ignorar, ou talvez simplesmente não se incomodarem, com a realidade da profunda crise que se desenrola à sua volta – uma crise que ameaça consumir tudo o que conhecem e amam.

Desta mesma varanda, os marcos de Paris ficam em uma proximidade impressionante. O Louvre se estende diante de você, com esculturas que vão desde as obras de Jean Goujon até as obras-primas de Carpeaux; a Igreja de Santa Clotilde, onde o génio de César Franck esteve escondido durante décadas, intocado pelos holofotes; a estação ferroviária Quai d'Orsay, uma maravilha arquitetônica que provou que um terminal poderia evocar as mesmas emoções que um palácio ou templo; a cúpula dos Invalides, orgulhosa contra o horizonte; e as majestosas fachadas que cercam a Place de la Concorde, que abriga o Ministério da Marinha. Para quem entende Paris – não apenas como uma cidade, mas como um símbolo da realização humana – a visão é profundamente comovente. A arte do Ministério da Marinha, com seus requintados rodapés, molduras e entalhes, serve como um testemunho do auge do artesanato nacional. Contemplá-lo é ser transportado para um lugar de profundo respeito e admiração.

E, no entanto, o sentimento predominante é de profunda fuga. Toda esta beleza, toda esta herança, esteve a certa altura perigosamente perto da destruição. Estava sob a ameaça de forças que compreendiam o seu valor ainda menos do que o jovem casal com as suas raquetes, forças cuja consciência era apenas um sussurro comparada com a grandeza da civilização que procuravam desmantelar. Eram seres cuja crueldade era tão selvagem quanto a sua ignorância era ilimitada. Paris esteve à beira da catástrofe, mas milagrosamente sobreviveu. Nenhuma cidade jamais esteve em maior perigo e, ainda assim, por algum golpe de sorte, conseguiu evitar o desastre. As ruas estavam repletas de táxis que transportavam o Sexto Exército – a última esperança de salvação – avançando a um ritmo inimaginável, mudando o rumo da batalha e, talvez, o curso da própria história.

"A população de Paris revoltou-se e vem implorar-nos misericórdia!" pensaram os batedores alemães, confundindo a agitação dos táxis correndo para o norte com um sinal de pânico. Mas o que na verdade testemunharam foi o rápido movimento do Sexto Exército, cuja chegada marcaria o ponto de viragem da campanha. O oficial alemão, percebendo o erro no dia seguinte, só pôde refletir: "Um grande infortúnio se abateu sobre nós". Na verdade, foi muito maior do que ele jamais poderia ter previsto.

O terror do que poderia ter sido, juntamente com o espanto do que realmente aconteceu, enche a mente de uma sensação de espanto quando você contempla Paris da varanda. A cidade, contra todas as probabilidades, havia escapado. O evento não foi apenas por pouco – foi um momento de pura admiração, impossível de compreender totalmente. É muito grandioso, muito importante para a mente compreender completamente.

As ruas de Paris, embora ainda em recuperação, apresentam agora uma calma peculiar, como se fosse uma manhã de domingo. O zumbido habitual da atividade foi substituído por uma quietude tranquila, pontuada pelo barulho ocasional do retorno dos táxis. Os auto-ônibus, que já foram um elemento básico da vida parisiense, não são encontrados em lugar nenhum, tendo recuado para trás das linhas de frente. Os caminhos-de-ferro subterrâneos, agora operados por mulheres, tornaram-se o principal meio de transporte. Um ônibus puxado por cavalos, aparentemente ressuscitado de uma época passada, percorre as grandes avenidas, com sua motorista – uma camponesa corpulenta e alegre – recolhendo os passageiros nas amplas dobras de seu avental preto. Muitas das lojas mais extravagantes e desnecessárias permanecem fechadas, enquanto outras ficam quietas, aguardando o retorno dos negócios. No entanto, as humildes lojas de provisões, a força vital dos bairros da classe trabalhadora, continuam a funcionar normalmente, sem alarde ou constrangimento. As ruas estão cheias de soldados em uma variedade de uniformes – alguns em azul claro, outros em preto – todos misturados em uma exibição caótica, mas de alguma forma unificada. As calçadas estão repletas de viúvas e órfãos, cuja dor é profunda, mas silenciosa. As jovens e mulheres em luto são numerosas, sendo os seus pesados véus negros a única lista de vítimas visíveis permitida pelo Ministério da Guerra francês.

Paris, outrora tão cheia de energia e glamour, parece agora um lugar transformado – estranho, mas ainda assim inconfundivelmente ele próprio. No meio da crescente constatação de um desastre evitado por pouco e da crescente consciência do poder que a nação francesa exerce agora, o espírito de Paris permanece resoluto. Os franceses passaram a compreender novamente a sua própria identidade. Eles estão irritados, mas com frieza; eles não são derrotados, mas são mudados. Testemunhar essa transformação é nada menos que inspirador. Paris está sob um feitiço, um encantamento que amplia a beleza da sua resiliência, mesmo quando os detalhes mundanos da vida quotidiana continuam a revelar-se, estranhamente persistentes.

Num pequeno apartamento no sexto andar, pode-se encontrar um forte contraste com a grandeza da cidade abaixo. A cozinha, modesta, com apenas dois fogões a gás para cozinhar, poderia facilmente ser imaginada sob as raízes de uma laranjeira nos jardins das Tulherias. O apartamento é arrumado a um grau quase obsessivo, cada item cuidadosamente escolhido e valorizado. Um desses itens é uma pintura em aquarela, há muito esquecida, mas agora emoldurada e exibida com orgulho. A única ocupante do apartamento, uma costureira solteirona de trinta e poucos anos, ganha modestos três francos por dia, mas é rica em sua simplicidade. Sua riqueza não vem de bens materiais, mas da disciplina silenciosa de viver dentro de suas posses. Apesar de sua natureza despretensiosa, ela abriga um temperamento explosivo que apenas duas coisas podem provocar: qualquer menção ao casamento ou qualquer tentativa de alterar suas rotinas estabelecidas.

Estes são os pilares sagrados de sua existência. Sua visita a uma pequena cidade no verão passado, para ajudar a cunhada a administrar um café, deveria ser uma espécie de feriado. No entanto, ela não suportava a ideia de ficar parada por horas, servindo uma multidão que ela mal entendia. Eventualmente, a atração da vida parisiense tornou-se irresistível e ela voltou, apesar da escalada da guerra ao seu redor. A viagem foi cansativa, durou três dias e duas noites, repleta de refugiados e soldados feridos. Mesmo assim, ela persistiu. Ao regressar a Paris, foi recebida pela notícia de que os alemães tinham deixado o café intacto, embora a guerra tivesse certamente deixado a sua marca.

Quando questionada sobre a viagem, ela simplesmente afirma: "Foi terrível. Uma viagem de três horas se transformou em três dias de pé, sem espaço para se movimentar e com muito pouca comida ou bebida". E ainda assim, no final, ela conseguiu voltar. A guerra perturbou a sua vida, mas não o seu espírito. Apesar de tudo isso, ela permaneceu inalterada, seus hábitos tão inabaláveis como sempre.

E depois há o Boulevard St. Germain – uma casa antiga e grandiosa, uma relíquia de outra época. A sala, trancada há duas décadas, ainda conserva os móveis pesados e sombrios de tempos passados. A matriarca, uma viúva de vontade formidável, é tão ativa quanto qualquer mulher com metade de sua idade. Ela acorda às cinco da manhã e nenhum cozinheiro jamais satisfez seus padrões. Seu filho, solteiro de cinquenta anos, está paralítico e passa os dias numa cadeira de rodas, rodeado de livros, gravuras e jornais. As suas conversas muitas vezes giram em torno de investimentos, da guerra e do futuro incerto que se avizinha. Apesar das circunstâncias terríveis, a viúva idosa permanece resoluta, nunca acreditando que os alemães serão derrotados. "Eles nunca serão derrotados", insiste ela, "porque são sempre capazes de inventar algo novo". Ela continua, implacável, a administrar sua casa com a mesma precisão e autoridade que sempre possuiu.

Em contraste com a tenacidade desta família está a história de uma costureira elegante, uma bela mulher cuja vida foi virada de cabeça para baixo pela guerra. O seu marido, que já foi soldado, ocupa agora um pequeno posto administrativo, enquanto os seus dois filhos continuam a ser a imagem da elegância juvenil parisiense. No entanto, apesar da beleza superficial da sua vida, a guerra esgotou os seus recursos. Sua oficina, que antes contava com setenta funcionários, agora está vazia. A costureira reflete sobre as dificuldades trazidas pela guerra, lembrando que as coisas mais simples, como o sal e a chicória, tornaram-se impossíveis de obter. Ainda assim, ela permanece esperançosa, à espera do regresso à normalidade, e embora a guerra tenha deixado a sua marca, o seu espírito permanece inquebrantável.

Através destas histórias, Paris, tanto como cidade como símbolo, revela a sua verdadeira essência. Apesar do caos, apesar do medo, ele perdura. E nessa resistência há uma beleza que não pode ser extinta.

Nos momentos finais do nosso encontro, encontrei-me no coração de Paris, numa casa famosa pela riqueza do seu eclético acervo. Era um lugar com coisas antigas e novas: bugigangas, porcelanas, leques requintados e móveis intercalados com pinturas modernas que enchiam as paredes. Entre as obras estavam afrescos de Pierre Bonnard e seus contemporâneos, criando uma atmosfera refinada e contemporânea. De uma varanda de mármore preto, a vista era de tirar o fôlego, oferecendo uma rara perspectiva de Paris, o centro da cidade. Este foi um lugar onde os mundos colidiram: autores, músicos, pintores, administradores e admiradores casuais, todos reunidos no mesmo espaço.

A anfitriã, sempre gentil, convidou um alto funcionário do Ministério das Relações Exteriores, alguém que eu não via há muitos anos. Embora ela não tenha dito isso explicitamente, ficou claro que sua intenção era facilitar minhas viagens à zona de guerra, um empreendimento que eu vinha planejando há muito tempo. Vários dos meus velhos amigos também estavam presentes, e foi surpreendente ver quantos conseguiram evitar o serviço activo - alguns por necessidade devido aos seus papéis na administração, outros devido a posições neutras, ou porque eram considerados demasiado velhos ou fisicamente inaptos. para serviço. Alguns, infelizmente, morreram no cumprimento do dever, deixando um espaço vazio na sala.

Em meio ao belo caos de objetos que exigiam admiração, a conversa inevitavelmente se voltava para a guerra. O funcionário do Ministério das Relações Exteriores, vestido com alpaca clara e botas amarelas, explicou com calma e autoridade os significados por trás de vários livros coloridos — Livros Amarelos, Livros Brancos, Livros Laranja, Livros Azuis. Mas as questões verdadeiras e mais urgentes foram deixadas intocadas. Música tocada, incluindo Schumann, um compositor alemão, o que acrescentou um ar estranho, mas profundo, de normalidade aos procedimentos. Então a literatura veio à tona. Um romancista, ansioso por participar, perguntou-me a minha opinião sobre um livro intitulado The Way of All Flesh. Ele ficou surpreso ao saber que o livro ainda estava causando sucesso internacionalmente, apesar de ter sido escrito há muito tempo. Ele também expressou curiosidade sobre George Gissing, nome que era novo para ele.

De repente, do canto mal iluminado da varanda, uma voz interrompeu-me, assustando-me. Era uma pergunta que parecia deslocada em meio a um discurso tão culto:

"Sinceramente, eles odeiam os alemães na Inglaterra? Eles realmente os odeiam? Duvido. Duvido muito."

Eu ri sem jeito, como qualquer inglês faria, surpreso com a franqueza da pergunta. O episódio fugaz, embora breve, interrompeu o fluxo da conversa e mudou nosso foco da literatura para um tema mais desconfortável.

À medida que a noite avançava, as discussões sobre a minha proposta de visita à frente vacilaram. Embora a viagem tivesse sido organizada, agendar a partida parecia impossível. Optei então por uma visita a Meaux, local que há muito me fascina devido ao seu significado histórico e literário. Meaux foi queimado pelos normandos no século X e testemunhou massacres horríveis no século XIV — eventos que tiveram destaque na história inglesa, especialmente para a aristocracia. No século XVII, foi também a residência do renomado Bispo Bossuet. Mas, mais recentemente, durante a Primeira Guerra Mundial, os alemães avançaram para Meaux antes de serem detidos perto de Paris. Meaux tornou-se assim um símbolo, o ponto mais próximo de Paris alcançado pelas forças inimigas.

Até uma viagem a Meaux exigia certas formalidades. A viagem, que demoraria metade do tempo de carro, foi atrasada pela lentidão do trem que serpenteava ao longo do Marne. Mas as formalidades eram simples. Meaux, uma cidade com uma população de apenas catorze mil habitantes, era dominada pela sua catedral, tanto que, vista à distância, a cidade parecia consistir inteiramente nesta imponente estrutura.

Ao chegarmos, alugamos uma carruagem conduzida por um senhor solene e idoso que, com pouco entusiasmo, se ofereceu para nos levar até Barcy, uma aldeia que havia sido bombardeada e queimada durante a guerra. Por quinze francos, mais uma gorjeta, ele concordou em nos mostrar o campo de batalha. O seu comportamento calmo, quase resignado, ao apontar as aldeias ao longo do percurso, acrescentou uma estranha sensação de melancolia à viagem. Ao passarmos pelas aldeias de Penchard, Poincy e Monthyon, o motorista falou de batedores alemães que ocuparam Meaux por um breve período, acreditando que enfrentavam uma força muito maior do que realmente eram.

Nosso motorista explicou como os alemães foram enganados pelo quartel-general inglês em La Ferte-sous-Jouarre, que explodiu uma ponte por precaução. Ele então apontou para o primeiro túmulo – um túmulo simples, mas comovente, marcado por uma bandeira branca, uma cruz e uma pequena coroa de flores. O túmulo de um soldado dos 66° Territoriais foi um símbolo do último ataque desesperado dos alemães antes de sua retirada.

À medida que continuávamos, cruzamos uma extensa planície pontilhada por trechos de floresta, campos de trigo e lápides ocasionais. A área já foi um local de conflito sangrento, mas agora, na calma que se seguiu, foi recuperada pela natureza. A terra, embora ainda marcada pelas trincheiras, estava agora coberta por plantações e flores silvestres. A terra estava a sarar lentamente, embora a memória da guerra permanecesse nas sepulturas silenciosas espalhadas pela paisagem. Alguns túmulos eram marcados por bandeiras brancas e cruzes, enquanto outros eram simplesmente numerados, e seus ocupantes eram desconhecidos.

Chegamos a uma casa de fazenda que havia sido destruída pelos alemães. Os móveis foram saqueados e os barris de vinho foram destruídos. A visão desta casa abandonada, outrora repleta de objectos familiares, agora vazia e destruída, foi uma poderosa lembrança da destruição da guerra. A casa era um testemunho silencioso das vidas perturbadas pelo conflito.

Barcy, que já foi um campo de batalha importante, assomava à frente. A torre da igreja, embora destruída, ainda era um símbolo de resiliência. Passamos pela aldeia, que havia sido reconstruída, mas ainda apresentava sinais de combates brutais. Algumas casas foram restauradas com novos telhados vermelhos, enquanto outras permaneceram em ruínas. A estação de correios, gravemente danificada, ainda não tinha sido totalmente reparada, e a igreja, com o seu telhado quebrado e janelas quebradas, era uma visão assustadora. No interior, os bancos permaneceram praticamente intactos, mas o altar e a nave eram uma confusão caótica de destruição.

Ao sairmos de Barcy, passamos por uma paisagem repleta de mais túmulos – cruzes brancas marcando os túmulos dos soldados. Mas também havia cruzes mais escuras, pretas, significando os túmulos dos soldados alemães. Estas sepulturas, desprovidas de nomes ou coroas, serviram como uma lembrança gritante do inimigo que outrora ocupou esta terra. O contraste entre as cruzes brancas e pretas foi impressionante, simbolizando as profundas divisões criadas pela guerra.

Ao regressarmos a Meaux, os campos, outrora campos de batalha, estavam agora cobertos de culturas, que pareciam ignorar os túmulos abaixo deles, crescendo sobre eles como se desafiassem a presença persistente da guerra. O trigo e a aveia, maduros para a colheita, eram um testemunho da resiliência da natureza.

Finalmente, após um longo dia de reflexão e lembranças, voltamos à estação ferroviária comum e prática de Meaux. No café, uma francesa serviu-nos chá como se nada de extraordinário tivesse acontecido. No entanto, ao regressarmos a Paris, eu sabia que a experiência de visitar a frente de batalha, de ver as sepulturas e os restos da batalha, ficaria comigo para sempre. Foi um lembrete poderoso de que as linhas de frente, embora distantes, já estiveram mais próximas do que ousávamos imaginar.

II. Frente Francesa

Fomos recebidos no posto de comando pelos oficiais responsáveis, que nos esperavam. Logo ficou claro que esta era uma ocorrência comum. Quer fosse um General, Coronel ou Comandante, em cada parada o oficial de mais alta patente estaria presente para explicar a situação. E explicaram tudo com uma clareza que só os franceses parecem possuir – um dom extraordinário, como demonstrado nos relatórios oficiais que detalham as fases anteriores da guerra, que foram partilhados com o público anglo-saxónico através de Reuter.

Nosso pequeno grupo de quatro pessoas foi acompanhado por uma abundância de automóveis e motoristas. Em nenhum momento do dia, quer estivéssemos acelerando por estradas esburacadas e deterioradas, ou andando por terra, faltou um oficial de estado-maior ao meu lado. Cada um me deu a impressão de que existia apenas para me servir. Cada detalhe da nossa viagem foi cuidadosamente organizado e toda a operação correu bem. Nenhum correspondente americano pré-Lusitânia poderia ter sido mais mimado pelos alemães, que estavam desesperados pelo seu favor, do que eu fui mimado pelos franceses, que já tinham conquistado a minha boa vontade sem necessidade de tentar.

Após as formalidades de saudação, subimos ao terraço elevado de um grande castelo próximo. A partir daí, uma vasta extensão de França estendia-se diante de nós num semicírculo brilhante. Ao longe, uma cadeia baixa de colinas, irregularmente pontilhadas de árvores, marcava o horizonte. Um rio serpenteava pela paisagem, fluindo em áreas de floresta densa e pequenos bosques. Além disso, intermináveis vinhas estendiam-se para cima em encostas variadas, saindo do vale quase até aos nossos pés. Mais à esquerda, uma cidade com imponentes chaminés de fábricas erguia-se silenciosamente, sem fumo.

As camponesas curvavam-se nos vinhedos, enquanto a terra parecia viva com o cultivo, produzindo abundantemente. A cena era magnífica, ambientada numa gloriosa tarde de verão. O sol pairava alto no céu, lançando enormes sombras roxas que se moviam lentamente pelo verde vibrante da terra. O ar estava repleto de uma sensação de paz, majestade e da riqueza tranquila do solo francês.

"Você vê aquela linha branca nas colinas ali?" — perguntou um dos policiais, desdobrando um mapa em grande escala.

Imaginei que fosse uma estrada.

"Essas são as trincheiras alemãs", explicou ele. "Eles estão a oito quilômetros de distância e suas posições de armas estão escondidas na floresta. Nossas próprias trincheiras são invisíveis daqui."

Foi um momento monumental – a primeira vez que vi as trincheiras alemãs. A visão trouxe uma mistura de admiração e profunda tristeza. Meus pensamentos dispararam: toda a França além daquela linha, uma terra exatamente como aquela em que estou, habitada por pessoas iguais às que me rodeiam, está sob a tirania opressiva dos invasores. Ao tentar compreender a escala, percebi que estas trincheiras se estendiam desde Ostende até à Suíça, e os mesmos homens que as construíram estavam envolvidos em operações semelhantes no extremo nordeste, até Riga, e no extremo sudeste, até às fronteiras da Roménia. Naquele momento, pensei: Esses bandidos podem estar loucos, mas estão loucos de uma forma grandiosa e assustadora.

Tínhamos chegado na frente.

Nos últimos trinta quilômetros, dirigimos por uma estrada fortemente patrulhada, fechada para civis. Até mesmo os oficiais do estado-maior tiveram que passar por sentinelas, sussurrando senhas para evitar serem rejeitados. A vida civil nesta área foi suspensa, existindo precariamente de uma refeição para outra. Aviões rugiam no alto, destruindo qualquer aparência de paz. Nenhuma carta podia sair dos correios sem um atraso obrigatório de três dias, e os telegramas eram altamente suspeitos. Conseguir entrar numa estação ferroviária era quase tão difícil como entrar numa fortaleza, e apenas aqueles com passaportes ou passes especiais podiam desfrutar das liberdades restritas que restavam. No entanto, em meio a tudo isso, não vi sinais de angústia. Ninguém franziu a testa ou reclamou. Todos pareciam aceitar a necessidade destas medidas a serviço da imensa máquina militar. Eles esperaram com calma e sorrisos confiantes.

Seria impreciso dizer que a vida civil foi interrompida. Sob as camadas do controle militar, os aspectos fundamentais da vida continuavam. A terra continuou a produzir e as colheitas floresceram, até ao limite do emaranhado de arame alemão. Os oficiais alertaram os camponeses sobre o perigo, mas eles simplesmente responderam: A terra deve ser trabalhada.

Quando a artilharia alemã começava a disparar, as mulheres vestidas de azul desapareciam no abrigo da floresta. Meia hora após o fim da barragem, eles ressurgiriam cautelosamente e continuariam seu trabalho. Um camponês, aparentemente despreocupado, até montou um guarda-chuva para fazer sombra — embora fosse um homem.

Estávamos inegavelmente na frente. Mas naquele momento, a frente parecia mais abstrata do que real. Nenhum som de batalha, nenhum sinal de destruição – apenas a linha tênue e pálida das trincheiras alemãs, pouco visíveis nas colinas distantes. Um estrondo distante de trovão reverberou pelo ar. Foi o som de tiros. Uma pequena nuvem de fumaça apareceu ao longe. No entanto, esta breve perturbação não fez nada para prejudicar a serenidade da paisagem. Toda a cena parecia indiferente à guerra que se aproximava logo além dela. Mas mesmo nesta calma, sabíamos que estávamos à beira de algo vasto e perigoso.

Um pouco mais adiante, vimos as consequências de um ataque de artilharia anterior – uma enorme cratera escavada na terra. A visão desta destruição repentina fez com que a guerra parecesse menos abstrata, mais real.

"Há oitenta mil homens à nossa frente", disse um dos oficiais, apontando para a paisagem.

"Mas onde?" Eu perguntei, lutando para entender.

"Enterrado... nas trincheiras", respondeu ele.

Parecia inacreditável.

Virei-me para perguntar: "E os outros... os mortos?"

"Nunca falamos deles", foi a resposta calma. "Mas pensamos neles com frequência."

Um pouco mais perto da zona de guerra, visitámos o parc du génie – o parque dos engenheiros – onde vimos montes de rolos de arame farpado, muito mais perigosos do que qualquer coisa usada pelos agricultores. Essas bobinas pareciam projetadas não apenas para prender, mas para destruir qualquer um que chegasse perto demais. Havia também pilhas de madeira para escorar minas, sacos de terra para entrincheiramentos improvisados e chevaux de frise – dispositivos de quatro pontas projetados para empalar qualquer um que tivesse o azar de ficar preso neles. Até mesmo papel alcatroado era armazenado para manter as trincheiras secas. As quantidades de suprimentos eram surpreendentes.

Perto dali, um pequeno grupo de prisioneiros alemães realizava trabalhos braçais sob guarda. Movimentavam-se, resignados, como se soubessem que a guerra estava longe de terminar. Um oficial contou-nos que quando mencionou a possibilidade de troca de prisioneiros, os alemães protestaram, preferindo o cativeiro a regressar aos horrores da frente. Os prisioneiros pareciam brutalizados, um lembrete claro dos efeitos desumanizadores da guerra.

Não muito longe daqui, visitamos um hospital – uma ambulância de première ligne – instalado numa fábrica. Esta foi a primeira parada dos feridos, que chegaram diretamente dos postos de curativos atrás da linha de frente. Um telefonema chamava um automóvel, que muitas vezes chegava antes dos maqueiros. Os feridos poderiam ser operados dentro de uma hora após serem feridos, embora muitos dos funcionários e equipamentos do hospital fossem móveis, capazes de serem realocados rapidamente conforme necessário.

Certa vez, um hospital foi totalmente evacuado em sessenta minutos, respondendo rapidamente a uma ordem de transferência repentina. Visitamos as instalações, passando por pequenas enfermarias, salas de cirurgia e áreas de armazenamento, todas com cheiro pungente de éter. Os pacientes eram poucos, mas o cansaço no rosto do médico contava a história do imenso trabalho que devia ter ocorrido por trás daquelas portas fechadas.

No vasto pátio, encontramos um hospital-tenda, pronto para agir em curto prazo. A equipe médica trabalhava silenciosamente lá dentro, preparando-se para a próxima crise, enquanto lá fora, um vagão com equipamento de esterilização esperava, pronto para ser utilizado a qualquer momento.

Nosso passeio continuou com uma visita a um parque de aviação, situado num vasto campo de trigo no topo de uma colina. Lá, vimos hangares que abrigavam aviões usados para direcionar o fogo de artilharia. Os aviões tinham seus próprios veículos de transporte – às vezes precisavam ser transportados por estrada caso fossem danificados. O oficial responsável, um jovem suboficial com sotaque sulista, demonstrou as capacidades dos aviões, mostrando-nos seu equipamento sem fio e dando-nos a oportunidade de sentar na cabine. Apesar do clima inadequado para voar, ele acelerou o motor, produzindo uma corrente de ar que dobrou o trigo atrás de nós e nos tirou o chapéu.

Depois, foram-nos mostradas armas antiaéreas, especialmente concebidas para derrubar aviões inimigos. O oficial nos deu uma explicação detalhada do funcionamento das armas, que durou quase meia hora, embora grande parte estivesse além da minha compreensão. Ficou claro, porém, que essas armas foram construídas para atingir seus alvos com precisão mortal.

Nossa parada final foi na setenta e cinco — a famosa peça de artilharia francesa. Observamos seu funcionamento, a precisão com que foi carregado e disparado e a velocidade de seu recuo. Quando sugerimos testá-lo, o oficial concordou imediatamente. Em poucos instantes, a arma estava pronta para disparar. Com um estrondo agudo, o projétil foi lançado, sua trajetória invisível e seu destino desconhecido. Um segundo projétil foi disparado para garantir, e os artilheiros ficaram prontos, preparados para o que viesse a seguir.

Embarcamos em outra descida à terra, aventurando-nos mais alguns metros quando, inesperadamente, a trincheira se divide em três direções. A confusão se instala. Não temos certeza de qual caminho seguir, e o oficial atrás de nós, tão perdido quanto nós, também não tem ideia. O oficial que deveria estar nos liderando está uns bons trinta metros à frente e, apesar de nossos chamados, não há resposta. Saímos da trincheira e emergimos na superfície, onde um deserto desolado se estende até onde a vista alcança. Não há sinal de nossos camaradas, nem mesmo vestígio de seus rastros. O chão, intocado pela presença humana, parece zombar de nós. Isto, por si só, serve como um testemunho sombrio da vastidão e do isolamento da guerra de trincheiras.

Após um momento de pânico, um oficial finalmente aparece, nos guiando para o caminho correto, a trincheira da extrema direita. Continuamos caminhando no calor opressivo, completamente desorientados. Nosso senso de direção está totalmente perdido.

Eventualmente, chegamos a um trecho da estrada onde uma ferrovia cruza. Ao longe, avistamos um balão cativo alemão, imóvel contra o céu. A ferrovia, outrora um símbolo de progresso e eficiência, está agora abandonada, com os fios de sinalização pendurados como fitas moles e os trilhos enferrujados. A visão é assustadora. É quase incompreensível testemunhar tal negligência de uma linha principal naquele que já foi um país próspero e civilizado. Começamos a questionar se estamos testemunhando os restos de uma civilização perdida, com a alma apagada pela loucura da guerra.

Este trecho específico da ferrovia é inútil tanto para os alemães quanto para os franceses. Encontra-se em território francês, mas está demasiado exposto à artilharia alemã para ter qualquer utilidade. Restam cerca de dez quilómetros de trilhos, que servem de trágico monumento à insensatez da invasão. É um lugar que evoca desespero.

A viagem continua e finalmente chegamos a uma aldeia que fica na ponta de um saliente francês. A visão diante de nós é de partir o coração. A aldeia foi totalmente destruída. As ruínas são um espetáculo sombrio de guerra. No meio dos escombros, avistamos restos estranhos e inquietantes: um ursinho de pelúcia descansando nos degraus quebrados de uma escada, uma cama semienterrada em escombros e restos de esqueletos de pássaros em uma gaiola que ainda está pendurada na parede. Toda a área é um foco de bombardeamentos, e os seus habitantes são apanhados num ciclo implacável de violência. No entanto, apesar do caos, alguns civis recusam-se a partir. Dezessete no total – sete homens e dez mulheres – permanecem teimosamente no lugar. Falo com uma senhora idosa que insiste que não há perigo, que a vida deve continuar. Um momento depois, uma bomba explode a apenas cem metros de onde estamos. É um lembrete preocupante do absurdo da sua crença e da cruel realidade da guerra que nos rodeia.

A igreja da aldeia, outrora um local de santuário, é agora uma sombra do que era. Seu telhado desapareceu, embora dois arcos finos permaneçam, aparentemente desafiando a gravidade. Algumas flores tristes estão dispostas no altar. Apesar da destruição, a missa ainda é celebrada todos os domingos, um testemunho da resistência do espírito humano. Encontramos o padre da aldeia, um homem frágil que usa a Legião de Honra. Nos seus olhos, podemos ver tanto o peso dos seus anos como a determinação inabalável que o manteve neste lugar abandonado.

Continuamos a nossa viagem pelas trincheiras, que agora parecem um labirinto de passagens subterrâneas. O calor do sol é sentido, mas não visto. Placas nas paredes, como "Tranchée de repli" ou "Guetteur de jour et de nuit" (observador de dia e de noite), indicam o caminho. Abrimos uma porta e, lá dentro, encontramos um homem pálido que parece quase fantasmagórico, em vigília na escuridão. Ele não diz nada, mas sua presença silenciosa é perturbadora.

Além disso, vislumbramos uma estrada abandonada e uma extensa rede de arame farpado. Nosso caminho segue mais adiante e chegamos a um reduto improvisado construído com casas e estábulos em ruínas. O som de tiros de rifle ressoa à distância, mas não conseguimos ver a fonte. É-nos mostrada a câmara da metralhadora, onde a abertura do cano é brevemente descoberta, e depois somos conduzidos ao subsolo para um refúgio, um abrigo contra os inevitáveis bombardeamentos.

Seguimos então para os alojamentos dos homens, onde somos recebidos com um sonoro "Bonjour, les poilus!" do Comandante. Seu sorriso brilhante e gestos animados são contagiantes. Os soldados saúdam com orgulho e entusiasmo, seu comportamento repleto de um feroz sentimento de devoção. Um soldado em particular se destaca – um homem com um olhar penetrante e uma presença forte. Sua linguagem corporal fala de confiança inabalável, como se dissesse: "Conheço meu valor e estou totalmente dedicado a esta causa". Um jovem oficial comenta que esses homens possuem tanto a selvageria de uma fera quanto a pureza de um anjo – uma observação profunda, que não posso deixar de admirar.

O regimento, estacionado na aldeia desde o outono, recusou-se a ser substituído e a sua energia parece tão fresca como se tivessem acabado de chegar. O conforto dos soldados é surpreendente. Criaram pequenos jardins com estátuas, um ginásio para recreação e até um teatro com palco e fantasias. Isto, em contraste com o caos lá fora, demonstra a resiliência e adaptabilidade destes homens.

Nosso destino final é a trincheira da primeira linha, e a experiência é diferente de tudo que já vimos antes. A trincheira, embora limpa e bem conservada, tem pouca semelhança com os canais sombrios e cheios de lama que associamos à guerra. Em vez disso, assemelha-se a uma longa galeria de madeira. Suas laterais, teto e piso são todos construídos em madeira e, embora o trabalho artesanal seja rudimentar, é funcional e surpreendentemente elegante.

Dizem-nos que nenhum engenheiro esteve envolvido na construção, mas esta é considerada uma das posições mais engenhosas na frente. A trincheira é mal iluminada, com pequenas aberturas que proporcionam vistas estreitas, mas cruciais, da área externa. As brechas são dispostas de tal forma que os soldados podem apontar suas armas através delas sem se exporem totalmente ao fogo inimigo. Cada lacuna está etiquetada com o nome do soldado designado a ela e, entre as lacunas, há fotografias e cartões postais de entes queridos – um lembrete comovente das vidas que eles estão lutando para proteger.

Ao espiarmos pelas frestas, vemos as trincheiras do inimigo à distância, separadas de nós por uma faixa de terra desolada. A proximidade dos dois lados é palpável. A guerra de trincheiras que define este conflito é uma realidade inescapável tanto para os franceses como para os alemães. A tensão é sufocante e torna-se claro que esta guerra não é apenas uma questão de estratégia e recursos, mas de sobrevivência.

Ao sairmos da trincheira e regressarmos aos aposentos do Comandante, somos recebidos com mais champanhe. A celebração é um alívio bem-vindo dos horrores da frente, e a atmosfera é de camaradagem e respeito. O Comandante, com sua confiança e charme inabaláveis, preside a reunião. A sua liderança, como a de muitos outros no exército francês, inspira admiração e lealdade.

Num último momento de leviandade, conta-nos a história de um tenente que, no meio da batalha, perguntou ao padre da aldeia se poderia celebrar a missa. A resposta do padre foi simples mas profunda: "Se você é padre, então você poderia." E assim, o Tenente, uniformizado e em meio à destruição, celebrou missa para seus homens.

Enquanto nos preparamos para partir, o som do fogo de artilharia ecoa à distância. A tensão é palpável mais uma vez. Nós nos movemos rapidamente para a trincheira, curvando-nos enquanto as explosões balançam a terra ao nosso redor. Os policiais nos instruem a contar até cinco antes de nos levantarmos, uma precaução contra os estilhaços que se seguem à explosão inicial. Movemo-nos com cautela, mantendo a cabeça baixa e os sentidos alertas.

Nesta guerra, o tempo e o espaço perdem todo o significado. As linhas de frente são um lugar de perigo constante, onde a vida e a morte estão separadas por meros centímetros. No entanto, no meio da violência e da destruição, permanece um inegável sentido de propósito, uma crença de que, apesar de tudo, a vitória ainda está ao nosso alcance.

III. Ruínas Lisso é

Ao viajar para Reims pela estrada de Epernay, a cena que o recebe parece típica à primeira vista – a vida avança como sempre. Não há mais as verificações alfandegárias, antes necessárias, e as ruas estão repletas da agitação da vida cotidiana. Mulheres – algumas jovens e marcantes – observam com indiferença enquanto seu carro passa. As crianças correm e gritam sob o calor do sol, desfrutando de suas brincadeiras despreocupadas. Os pequenos cafés e lojas mantêm as portas abertas, ocupadas com as transações diárias. O padeiro trabalha arduamente e os moradores de meia-idade continuam suas rotinas tranquilas, imersos em pensamentos. Os soldados estão presentes, mas isso não é incomum; os soldados estão estacionados em quase todas as grandes cidades da França, mesmo em tempos de paz. Em suma, a cena se parece muito com qualquer uma das ruas mais pobres no caminho para o centro da cidade.

Porém, em menos de dois minutos, tudo muda. Uma curta viagem e você entra em um bairro onde a vida desapareceu completamente. Esta área não foi apenas danificada – foi destruída. Os edifícios, embora ainda em partes, estão em ruínas irreparáveis. Terão de ser reconstruídas de raiz, começando pelas caves. Esta área é um terreno baldio, intocado pela vida, um testemunho de destruição. Casas grandes, casas pequenas e lojas sofreram igualmente. As fachadas podem estar de pé – algumas ainda intactas, enquanto outras inclinam-se precariamente – mas os interiores não passam de um monte de escombros. Em alguns locais, pisos inteiros desapareceram, deixando apenas paredes expostas. Em outros, os pisos ficam pendurados em ângulos estranhos, desafiando a gravidade. O que antes era uma casa ou um local de trabalho agora se transformou em uma pilha irreconhecível de ruínas. Entre as pilhas de escombros, podem ser vistos fragmentos de utensílios domésticos íntimos: uma banheira, parte de um espelho, um pedaço de tapeçaria, uma panela. Até mesmo uma coroa fúnebre ainda está pendurada em sua loja, um bizarro resquício da vida normal. Fios telefônicos e telegráficos estão soltos, emaranhados em postes quebrados. O relógio da igreja protestante está parado em quinze para as seis.

Os projéteis disparados pelo inimigo parecem caprichosos em sua destruição. Um projétil simplesmente abre um buraco no pátio grande o suficiente para enterrar um exército alemão inteiro, enquanto outro, um poderoso projétil de 210 mm, perfura uma parede interna, abrindo os porões abaixo. Incrivelmente, dez pessoas estão abrigadas lá e, milagrosamente, nenhuma fica ferida. Entretanto, antigos letreiros de lojas – como "A Boa Esperança" e "O Sucesso do Dia" – permanecem pendurados, a sua mensagem agora quase zombeteira face à catástrofe.

Os habitantes deste bairro e de muitos outros em Reims desapareceram. Alguns morreram, enquanto outros fugiram para lugares como Epernay ou Paris. Eles deixaram tudo para trás – mas, em certo sentido, não deixaram nada. A tragédia é tão vasta, tão insondável, que é impossível compreender totalmente o seu alcance. No entanto, no meio do horror, há uma estranha beleza nas ruínas – estranhamente, mesmo na destruição da arquitectura moderna, as ruínas ocasionalmente assumem uma certa forma de grandeza. A imagem de um papel de parede claro de um quarto contrastando com a alvenaria enegrecida, com parte de uma casa projetando-se como uma coluna irregular em meio ao caos, fica gravada na mente. Serve como um símbolo dos danos causados pelas forças alemãs.

Esta destruição não é acidental – é precisamente o que os alemães pretendiam quando cruzaram a fronteira para França. A aniquilação de lares, empresas e vidas, a transformação da alegria em tristeza, foi o objetivo o tempo todo. Este foi o trabalho de planeadores e líderes militares, que conceberam esta destruição com intenções frias e científicas. A crueldade disso é óbvia, mas o que é ainda mais devastador é a pura futilidade disso. A insensatez domina a mente. Esta destruição, nascida da ganância política, parece ainda mais monstruosa do que se tivesse sido desencadeada por conflitos religiosos. É um anacronismo abominável, uma relíquia trágica de uma época passada que parece deslocada no mundo moderno.

Curiosamente, num bairro próximo – que não foi completamente destruído – um homem chega a casa num táxi, com a bagagem a reboque. A criada espera à porta, oferecendo um breve lembrete de que a vida, em alguns bolsos, continua. Outra curiosidade é que um proprietário que tinha começado a construir uma casa pouco antes da guerra retomou a construção no meio de todo este caos. E na Esplanada Ceres, a fonte continua a fluir serenamente, apesar da devastação circundante, enquanto as trincheiras alemãs ficam a apenas três quilómetros de distância.

É impossível para alguém com senso de razão olhar para a geografia desta destruição sem concluir que os alemães tinham como alvo específico a Catedral. Seguindo as ruas que sofreram o impacto do ataque, pode-se ver claramente que os alemães estavam tentando atingir a Catedral com seus bombardeios. A maioria dos danos gira em torno desta estrutura icônica.

No entanto, notavelmente, a Catedral permanece de pé.

Embora a área circundante esteja arrasada, com hotéis e o palácio do Arcebispo em ruínas, a Catedral permanece desafiadora em meio à devastação. O telhado externo desapareceu, grande parte da alvenaria desmoronou e muitas das estátuas foram destruídas ou deformadas em formas grotescas e torturadas. Mas no seu núcleo e forma, a Catedral continua a ser um testemunho de resistência. As torres, embora marcadas, permanecem fortes e dignas, com sua presença solene inabalável. Sim, os danos são imensos – as esculturas intrincadas, as janelas de vidro e os interiores decorativos desapareceram, na sua maioria – mas a integridade estrutural da Catedral resistiu ao ataque da artilharia alemã. Nunca mais será o mesmo, mas existe – ainda um farol de desafio face a probabilidades esmagadoras.

Os alemães, talvez frustrados, parecem usar a Catedral como alvo da sua fúria. Eles disparam contra ele não porque tenha qualquer valor estratégico, mas porque representa algo que desprezam – um símbolo do orgulho e da civilização franceses. Os franceses tentaram protegê-lo removendo parte do vidro, mas sempre que o faziam, vinham projéteis alemães. O implacável bombardeio de artilharia continua, com 3.000 projéteis caindo sobre ou perto da Catedral em um período de 24 horas, mas a estrutura resiste. As forças alemãs usam estilhaços, em vez de projéteis altamente explosivos, em seus ataques, deixando claro que desejam atormentar, mas não destruir a Catedral. É um gesto fútil – uma tentativa vã de quebrar algo inquebrável.

Quando cheguei à Catedral, disseram-me que tinham passado alguns dias de calma. Mas quando voltei, na manhã seguinte, mais cinco projéteis haviam caído nas proximidades. Vi em primeira mão os danos causados por um projétil de 155 mm que explodiu na base da parede oriental. Eu estive lá na noite anterior e o buraco certamente não estava lá. Inspecionei-o às 8h20, apenas duas horas depois de ter sido criado, e um jornaleiro estava me oferecendo o jornal da manhã bem ao lado dele. Os destroços do bombardeio eram recentes, mas a Catedral, notavelmente, permaneceu de pé.

Mais tarde naquele dia, almoçamos num hotel em Reims, que reabriu recentemente após um período de encerramento. A senhoria e seu parente nos atenderam, ambos ainda de luto. Apesar do recente bombardeio, a atmosfera no hotel estava estranhamente calma. As mulheres atravessaram a destruição com uma indiferença estóica, continuando a servir os seus convidados com profissionalismo, como se nada tivesse acontecido. A sua compostura face a tamanha devastação foi inspiradora. Lá fora, o sol brilhava e a vida — embora alterada — parecia continuar. Os cães brincavam nas ruas e as crianças passeavam sob as árvores. Embora a cidade tenha sido devastada, a resiliência do seu povo era evidente.

Durante o almoço, vários oficiais juntaram-se a nós — homens que tinham lutado nas batalhas do Marne e do Aisne, e nas trincheiras. Apesar de suas experiências terríveis, ninguém ficou ferido. Falaram com grande sofisticação e calma sobre os horrores que testemunharam, mas também expressaram a sua admiração pela bravura e heroísmo dos soldados e civis franceses. Um oficial contou a história de um soldado que, quando apanhado em campo aberto entre as linhas inimigas, continuou a gritar "Vive la France!" apesar de ter sido baleado repetidamente. Sua coragem era inabalável, mesmo com seu corpo crivado de balas.

Após a refeição, continuámos a nossa viagem pelo interior devastado pela guerra, passando por cidades e campos que tinham sido transformados pela guerra. Tudo ao nosso redor parecia estar a serviço do conflito, até mesmo as atividades mais mundanas. E, no entanto, no meio da destruição, houve momentos de estranha beleza – um pomar florescendo sob um sol brilhante, ou um caminho arborizado que nos levava em frente, em direção ao desconhecido. À medida que nos aproximávamos de Arras, a presença da guerra era inegável, mas a vida — de alguma forma — continuava, apesar de tudo.

Quando você finalmente chega a Arras, não há dúvidas sobre a extensão da devastação que se abateu sobre a cidade. Ao contrário de Reims, que oferece uma ilusão fugaz do que era, Arras revela imediatamente o seu verdadeiro estado. A primeira rua que você encontra é um cenário de total desolação, vazia e agourenta. Cortinas sujas estão penduradas em lençóis esfarrapados, projetando-se das janelas quebradas. Para onde quer que você olhe, os restos dos bombardeios são evidentes. Pedaços de edifícios estão espalhados pelas estradas e calçadas, intercalados com trechos de grama crescendo onde antes havia casas. Ao continuar pela cidade, você chega a uma grande praça circular, que já foi grandiosa, mas agora está em ruínas. Todos os edifícios ao redor estão nas mesmas condições lamentáveis, e há um silêncio assustador que paira no ar. Nos breves momentos entre os estrondosos disparos de canhão, o único som que quebra o silêncio é o farfalhar de persianas e cortinas balançando contra os caixilhos das janelas vazias, ou o bater fraco e inativo de uma veneziana solta. Nem um único gato vagueia pelas ruas. Estamos completamente sozinhos, acompanhados apenas por um pequeno grupo de oficiais do estado-maior, os nossos relutantes guias através desta paisagem devastada pela guerra. Não podemos afastar a sensação de que somos intrusos, profanando um lugar que já foi cheio de vida.

À nossa frente, uma bomba atingiu uma casa, destruindo toda a sua fachada. Através do buraco avista-se a sala do rés-do-chão e, por cima dela, o quarto. A cama está bem feita, os lençóis brancos ainda imaculados, como se não tivessem sido tocados pelo caos lá fora. Estranhamente, tudo permanece estranhamente imóvel. Os móveis, apesar da inclinação do piso, ainda não caíram na rua abaixo. O quarto parece uma exposição de um museu, como se fosse o quarto de uma pessoa famosa exposto aos turistas — intocado, preservado, mas tão distante de sua função original. Lá fora, algumas cadeiras foram derrubadas da casa e estão de cabeça para baixo na rua, entre os escombros, deixadas intactas. Em todas as direções, as ruas se ramificam, mas são silenciosas e invadidas por grama e ruínas.

"Veja a fortaleza que tenho aqui!" diz o Comandante com amarga ironia. "Observe sua importância estratégica. Está aberto para todos os lados. Você pode entrar direto, como se fosse um moinho de vento. E ainda assim, eles bombardearam. Ontem, eles dispararam vinte projéteis a cada minuto durante uma hora na cidade. Destruição completamente inútil . Mas é assim que eles são!"

Avançamos pela cidade e as cenas ficam ainda mais estranhas. Uma casa é reduzida a nada além de um telhado, que agora forma uma espécie de arco triunfal. Por toda parte, vasos de plantas - ainda florescendo - estão presos nas paredes ou pendurados nos caixilhos das janelas. As ruas estão cobertas por uma fina camada de vidro em pó. Fios telefônicos e telegráficos ficam pendurados em fios grossos e emaranhados, lembrando teias de aranha abandonadas, muitas vezes bloqueando seu caminho e forçando você a evitá-los. Os sons de coisas se movendo ou caindo dentro dos edifícios em ruínas são constantes, criando uma atmosfera misteriosa. Então, de repente, um som rompe o silêncio – o choro de um bebê. É um lembrete claro de que a cidade, apesar da destruição, não está totalmente abandonada. Uma mulher sai de sua casa, trancando cuidadosamente a porta atrás dela. Ela está protegendo-o contra a ameaça de granadas ou para impedir a entrada de ladrões? À medida que caminhamos, notamos canos saindo da calçada, emitindo fumaça azul. Estes canos são o sinal exterior de que os poucos habitantes restantes converteram as suas caves em espaços improvisados – salas de estar e quartos que oferecem alguma aparência de segurança.

Descemos para um desses refúgios subterrâneos. A sala do térreo, com seus móveis finos, foi devastada por uma concha, misturando ricas esculturas com pedaços de paredes estilhaçadas e cortinas sob uma camada de poeira. Mas os bairros subterrâneos, com seu robusto telhado arqueado e aparência sólida, são bem organizados, arrumados e surpreendentemente aconchegantes, oferecendo um mínimo de conforto em meio ao caos. A entrada é cuidadosamente protegida, protegendo os habitantes de novos bombardeios.

"Mesmo assim", diz o proprietário, encolhendo os ombros, "um projétil de 210 mm atravessaria tudo. Isso seria o nosso fim". Ele levanta as mãos em sinal de resignação, o seu fatalismo quase igualando o da própria cidade – um lugar com uma longa história de sofrimento. Arras foi sitiada e devastada inúmeras vezes. Os vândalos originais atacaram-no repetidamente, seguidos pelos francos, pelos normandos no século IX e por vários outros invasores. No século XV, Carlos VI sitiou-a durante sete semanas sem sucesso e, sob Luís XI, foi brutalmente maltratada. No final, caiu sob o domínio espanhol, apenas para ser reconquistada pela França em 1640, após outro cerco. Desde então, a cidade teve períodos relativamente calmos, exceto pela Revolução e, claro, pela atual devastação. Aqueles que aqui permaneceram parecem ter herdado uma notável capacidade de suportar o sofrimento.

Na rua onde notamos pela primeira vez os canos dos fogões subindo da calçada, aparece um carteiro, vestido com o uniforme postal francês, com a conhecida carteira preta pendurada na cintura e uma caneta atrás da orelha. Ele vai de casa em casa, entregando cartas de uma maneira que pareceria comum em qualquer outra cidade – exceto aqui, ele simplesmente desliza as cartas pelos caixilhos das janelas vazias, sem nunca bater. É uma imagem impressionante, comum e surreal, um testemunho da persistência da vida em meio à ruína.

Continuamos nossa jornada e chegamos à Catedral de St. Vaast, uma estrutura imponente da cidade que se destaca mesmo em seu estado de ruínas. Embora não seja muito elogiado pelos críticos de arquitetura, o estilo barroco maciço e simples da Catedral de Arras a torna uma candidata perfeita para suportar o peso dos bombardeios. As suas vastas superfícies planas absorveram inúmeros golpes, mas a força do edifício permanece. As cicatrizes do bombardeio são bem visíveis, mas não diminuem a grandeza da Catedral. Na verdade, eles contribuem para a sua beleza sombria, tornando-o um símbolo de devoção religiosa em meio à destruição. Os comandantes alemães que bombardearam este local apenas contribuíram para a trágica magnificência da Catedral. Apesar da devastação, a presença da Catedral é ao mesmo tempo majestosa e assustadora, muito mais impressionante do que a famosa Catedral de Reims.

No transepto norte, uma concha de 325 mm criou um buraco grande o suficiente para permitir a passagem de uma criatura gigante. No entanto, mesmo no meio destes destroços, há uma justaposição incrível: nas proximidades, um café permanece quase intocado. Os copos, canecas e cadeiras ainda estão lá, cobertos de poeira, exatamente como foram deixados. Você poderia facilmente estender a mão através de uma janela para pegar um copo, mas a cena está absurdamente imóvel, como se a cidade tivesse sido congelada no tempo. Perto dali, uma casa antiga exibe as vigas expostas, enquanto uma viga caiu do teto, agora queimando ao ar livre, consumida pelas chamas.

Apesar da destruição, a vida persiste. Mais adiante, deparamo-nos com uma mercearia, ainda aberta e em funcionamento, oferecendo uma estranha aparência de normalidade num mundo que de outra forma seria devastado. Ao contornarmos a Catedral e chegarmos à Câmara Municipal, encontramos mais ruínas. Construída no século XVI e cuidadosamente restaurada no século XIX, a Câmara Municipal encontra-se hoje em ruínas. Atrás dele, um automóvel abandonado e enferrujado serve como um triste símbolo da desolação circundante. O veículo, intocado pelo tempo, permanece silencioso no meio da guerra em curso, uma lembrança comovente do sofrimento silencioso da cidade.

À direita da Câmara Municipal, deparamo-nos com uma visão estranha: filas de montes de tijolos, pedras e escombros. Esses montes não têm nenhuma semelhança com casas, ou mesmo com qualquer coisa reconhecivelmente humana. São simplesmente pilhas de entulho, marcando os restos daquela que já foi a rua mais importante da cidade. A rua, cheia de vida e comércio, desapareceu, e o seu carácter foi apagado pelos bombardeamentos implacáveis. Pode eventualmente ser reconstruído, mas nunca mais será o mesmo.

Curioso, pergunto: "Qual é o nome desta rua?"

Nenhum dos policiais do grupo conseguia se lembrar do nome da principal rua comercial de Arras, e não havia nenhum morador à vista para perguntar. Era como se o próprio nome da rua tivesse desaparecido, como se tivesse sido apagado da memória, tal como os edifícios que ali existiram. Apesar de procurá-lo em guias de viagem, enciclopédias e mapas, ele permaneceu elusivo – perdido na história, escondido em algum lugar no fundo do tempo.

A devastação da rua não foi um infortúnio; estava simplesmente no caminho da artilharia alemã apontada para a Câmara Municipal. A destruição que sofreu foi um subproduto de um foco militar que nada tinha a ver com a rua em si, mas sim com a Câmara Municipal, que se tornou o alvo principal. Os alemães não tinham interesse militar na Câmara Municipal – ela não tinha valor estratégico. No entanto, era a estrutura mais grandiosa de Arras, apreciada pelos habitantes locais, insubstituível no seu charme. Isso o tornou um alvo simbólico. Parecia que, em vez de visarem directamente a Câmara Municipal, os alemães a estavam atacando indirectamente, infligindo danos a tudo o que a rodeava, como se mantivessem o filho de um soldado como refém e ameaçassem mutilá-lo, a menos que o soldado se rendesse. Quer esta acção tenha resultado de lógica militar ou de pura loucura, foi um ataque deliberado a algo que significava tanto para o povo.

Ao chegar à frente da Câmara Municipal, pudemos perceber o quanto os alemães concentraram os seus esforços nela. A Câmara Municipal ficava à beira de uma vasta e impressionante praça com arcadas, cuja arquitectura uniforme remontava inconfundivelmente à época da ocupação espanhola. Ao olharmos para esta praça, e para a sua gémea quase idêntica a uma curta distância, ficou claro que Arras já foi uma cidade nobre, cheia de grandeza.

Notavelmente, a própria praça mal foi tocada pelo bombardeio. Não houve desperdício de granadas na praça, pois os alemães concentraram todo o seu fogo na Câmara Municipal, garantindo que a estrutura mais valiosa permanecesse em ruínas.

Do outro lado da praça, fiquei sob a arcada para me proteger da chuva e esbocei um esboço da prefeitura em ruínas. Quando comparei meu esboço com uma gravura antiga da mesma cena, a destruição ficou ainda mais aparente. A colunata do rés-do-chão conservava ainda alguns arcos, com contornos intactos, mas a parte superior da fachada estava reduzida a escombros, restando apenas um fragmento de parede, revelando duas aberturas de janelas. Todo o telhado desapareceu e a adição posterior à esquerda do edifício foi completamente destruída. A alvenaria anterior esculpida à direita da Câmara Municipal ainda estava de pé, mas gravemente danificada. O outrora orgulhoso campanário, que era o mais alto da França, com quase 75 metros, havia desaparecido. O que restou foi um toco irregular, como o dente quebrado de um gigante, que teimosamente alcançava alguns metros acima da linha original do telhado. Ao redor das ruínas, pilhas de lixo e escombros criavam uma cena sombria.

Arras, lembremo-nos, fica em França e não na Alemanha. Este facto é significativo porque, na altura, a Alemanha supostamente travava uma guerra defensiva, protegendo as suas fronteiras e defendendo o que considerava os mais elevados ideais de civilização. No entanto, aqui estávamos nós, em Arras, uma cidade francesa, que sofrera um nível de destruição sem paralelo na Alemanha. Os alemães avançaram através da Bélgica e da França, não para conquistar, mas para se "defenderem". E ao fazê-lo, destruíram a beleza de Arras, transformando-a num deserto irreconhecível, tudo em nome da preservação da sua própria civilização. É difícil compreender como os alemães poderiam justificar tais ações se estivessem realmente defendendo as suas casas. O que teria acontecido, pergunta-se, se eles estivessem travando uma guerra de conquista e destruição? Eles teriam ido mais longe?

Não sou um defensor da vingança ou da retaliação, mas é difícil ignorar a dura realidade. A Alemanha deve compreender toda a extensão da destruição que causou. A melhor maneira de compreenderem isto seria se, no final da guerra, uma das suas próprias cidades – digamos, Colónia – fosse deixada num estado semelhante ao de Arras. Isto poderia ser duro para Colónia, mas não seria mais grave do que o que Arras tinha suportado. Além disso, é amplamente aceito que as dificuldades da guerra revelam o que há de melhor no caráter de uma nação. Se isto for verdade, então a guerra, com todo o seu sofrimento, é de alguma forma um mal necessário. No entanto, tendo visto a devastação em Arras, não posso negar que trocaria, sem hesitação, o rendimento de um ano para ver Colónia reduzida ao mesmo estado. Este desejo, embora talvez injustificável, decorre de ver em primeira mão a destruição total de um lugar outrora cheio de vida e beleza.

À medida que continuávamos a nossa viagem pela cidade, passávamos rua após rua onde nem um único edifício permanecia intacto ou habitado. Estas ruas, à primeira vista, pareciam silenciosas, como se os moradores estivessem dentro de casa, esperando que o tumulto passasse. Mas não havia ninguém dentro de casa. Não havia ninguém. Todo o bairro estava deserto, uma cidade fantasma. A solidão era opressiva e perturbadora. Todas as janelas foram quebradas, todas as paredes foram quebradas e seções inteiras de alguns edifícios foram completamente destruídas. Um edifício revelou seus seis quartos, cada um exposto aos elementos, com o papel de parede outrora fino agora em ruínas. O dono deste lugar aparentemente gostava de fogões de antracite, pois cada uma das seis lareiras continha um, todos milagrosamente intactos. O correio foi destruído, reduzido a uma pilha de escombros.

Em seguida, chegamos à estação ferroviária, construída pela Compagnie du Nord em 1898, uma estrutura relativamente moderna. Sua fachada era impressionante, mas agora estava marcada por buracos de granadas de todos os tamanhos. Um projétil não atingiu por pouco a fachada ornamentada da estação, arrancando algumas das decorações. Cada painel de vidro estava quebrado e a ferragem estava coberta por uma espessa camada de ferrugem. As placas da estação, que normalmente orientariam os passageiros, estavam estranhamente imóveis. Você poderia olhar diretamente através da estação como se ela fosse um esqueleto vazio. O silêncio lá dentro, pontuado apenas pelo som distante da artilharia, era antinatural, assustador. Nas plataformas, os abrigos de vidro para os passageiros foram quebrados em pequenos fragmentos, e a ferragem agora estava coberta de ferrugem. Os postes de sinalização estavam desolados e abandonados, e seu propósito perdeu o sentido devido aos destroços. Até os próprios trilhos da ferrovia foram tomados por uma vegetação desenfreada, uma selva rastejando sobre os trilhos. Isto, disseram-nos, foi o resultado da guerra defensiva da Alemanha – uma guerra travada para proteger a pátria e os seus supostos ideais. A realidade, porém, foi uma cidade transformada numa ruína sinistra, um testemunho do custo devastador da guerra. Esta cena aconteceu no dia 7 de julho de 1915, dia que ficará gravado na memória de todos que a presenciaram.

IV Em Apertos

Anteriormente mencionei a natureza aparentemente vaga e casual da guerra quando é conduzida numa escala tão vasta que se torna quase insondável. Quando você está com um oficial de Estado-Maior, você pode observar quase tudo em primeira mão. Embora eu tenha certeza de que certos assuntos são mantidos ocultos de você, em geral, você tem acesso a quase tudo o que é visível. É claro que não há possibilidade de perscrutar a mente do General, que detém a chave das estratégias que moldarão o curso da história. O General pode falar longamente sobre o passado ou o presente, oferecendo reflexões perspicazes. Mas quando se trata do futuro, ele permanece calado. Se ele estiver posicionado próximo ao centro da frente, ele poderá lhe dizer, com sua maneira calma, que um movimento significativo pode ser esperado nas laterais. Por outro lado, se ele estiver estacionado em uma das alas, ele lhe garantirá, com a mesma suavidade, que um grande movimento poderá em breve se desenrolar no centro. Você não se sente desapontado com tais respostas, pois sabe que as questões que coloca merecem precisamente tais respostas. No entanto, apesar disso, há uma sensação inconfundível de decepção por ser incapaz de compreender até mesmo o momento presente — os eventos esmagadores que se desenrolam ao seu redor, latejando em seus ouvidos e turvando sua visão.

Tomemos, por exemplo, o som das armas. Não estou me referindo ao estrondo persistente e quase contínuo de tiros que parece ecoar de todas as direções, mas sim ao som particular de um grupo específico de armas. Eu pergunto sobre eles e, às vezes, até os oficiais do Estado-Maior hesitam antes de decidir se pertencem ao inimigo ou às forças francesas. Geralmente, um civil consegue distinguir um inimigo atingido pelo som terrível e sibilante do projétil enquanto ele avança em sua direção. Por outro lado, uma granada francesa, afastando-se dele, silencia antes mesmo que o barulho da explosão chegue aos seus ouvidos. Eu poderia me ver preso entre um grupo de canhões alemães e um grupo de canhões franceses, quase equidistantes de ambos.

Depois de ter sido informado sobre o tipo de armas e seu calibre, e talvez até mesmo sobre a localização aproximada dessas armas no mapa do Estado-Maior, percebo que esse conhecimento não me aproxima mais da compreensão de toda a extensão da situação. Localizar essas armas pode levar meio dia de esforço e, mesmo quando as encontro, não descubro nada mais do que algumas peças de maquinaria escondidas num abrigo improvisado, operando isoladamente com a ajuda de alguns homens encharcados de suor. . O processo está muito distante da imagem de guerra que se poderia esperar. Um projétil elegante é carregado na arma, seguido por uma explosão ensurdecedora – e o projétil desaparece sem deixar rastros. Ninguém no abrigo parece preocupado com o local para onde foi ou o que fez. Há um telefone próximo, mas tudo o que emana dele são números, jargão técnico e, ocasionalmente, uma reprimenda, levando os homens suados a fazer pequenos ajustes na arma ou na próxima munição.

Não entendo o alvo, nem os homens que operam as armas. Estou livre para me aventurar em busca do alvo. Isso é apontado para mim. Talvez seja um edifício ou um grupo de estruturas, ou pode ser algo totalmente diferente. Na melhor das hipóteses, nada mais é do que um pontinho distante em um terreno extenso e complicado. Do meu ponto de vista, observo uma leve nuvem de fumaça, tão delicada e inofensiva quanto uma pena flutuando no ar.

Naquele momento, não posso deixar de me perguntar: será que alguém pode realmente esperar que esses homens, operando sua engenhoca barulhenta em uma cabana fechada bem atrás das linhas, acertem com precisão aquela pequena e distante marca vermelha na estrutura distante? E mesmo que, por algum milagre, consigam atingi-lo, que importância tem esse alvo específico no grande esquema do conflito? Que impacto poderia a sua destruição ter no curso mais amplo da guerra? É aqui que a guerra parece inexplicavelmente vaga e desconectada, porque mesmo um mero fragmento dela está além da compreensão, e as partes individuais desse fragmento não conseguem encaixar-se num todo coerente. Lembro-me de estar numa trincheira da linha de frente, ouvindo o tiroteio furioso ao meu redor, e ainda assim não ver nada, não entender nada da batalha que se desenrolava à distância.

A mesma sensação de desconexão aplica-se aos movimentos das tropas. Por exemplo, uma vez eu estava dormindo em uma cidade atrás da linha de frente quando fui abruptamente acordado, não pelo barulho habitual de um avião, mas por um intenso tremor e barulho do próprio hotel. Este tremor persistiu por um longo período de tempo, desde logo após o amanhecer até cerca das seis horas, apenas para recomeçar pouco depois. Levantei-me da cama e aventurei-me lá fora, apenas para descobrir que a cidade inteira estava tremendo e vibrando. Um regimento estava de passagem, viajando em ônibus. Cada ônibus transportava cerca de trinta soldados, e os ônibus se sucediam em intervalos de não mais que trinta metros. Os ônibus, pintados em um cinza fosco, lembrando navios de guerra, eram quase idênticos, exceto pelo fato de que alguns tinham teto permanente, enquanto outros tinham apenas teto temporário. Alguns apresentavam janelas de mica, enquanto outros tinham buracos abertos nas laterais. Todos os ônibus transportavam o mesmo número de soldados e, em cada um, os rifles estavam empilhados exatamente da mesma maneira. Quando um ônibus parou, todos os outros fizeram o mesmo. Os soldados acenavam e sorriam para as jovens que estavam nas janelas ou nas ruas. A cidade inteira estava despertando. Não importa quão cedo se levante nessas cidades, o dia já começou para todos os outros.

Os soldados, vestidos com seus uniformes azul-claros, pareciam jovens, enérgicos e um tanto desgastados pelas viagens. Seus rostos, bigodes, cabelos e até orelhas estavam cobertos por uma espessa camada de poeira. Claramente, eles estavam em movimento há horas. Os ônibus continuavam emergindo da neblina empoeirada no outro extremo da cidade e desapareciam na esquina perto da Prefeitura. Ocasionalmente, passava o carro de um oficial ou um veículo que transportava um casal de enfermeiras, interrompendo brevemente a procissão, mas logo os ônibus continuaram, um após o outro. A impressão que ficou foi que todo o exército francês marchava pela cidade. O barulho, as vibrações, o barulho – tudo parecia reverberar nos meus nervos. Finalmente, dois caminhões de socorro passaram e a procissão pareceu parar. Eu não conseguia acreditar que tudo realmente tivesse acabado, mas o silêncio que se seguiu foi quase avassalador.

O que testemunhei foram apenas dois regimentos passando pela cidade – entre as centenas que constituíam o exército francês. Dois regimentos! No entanto, ninguém conseguia dizer-me de onde tinham vindo, qual tinha sido a sua missão, para onde iam ou qual era o seu papel específico no plano mais amplo de batalha. Eles se moviam sem rumo, como um bando de pássaros voando por uma vasta paisagem.

Mas entre os vários movimentos, houve cenas mais comoventes. Uma das cenas mais impressionantes e comoventes que encontrei no front foi a marcha de um regimento para uma pequena cidade do interior, numa bela e ensolarada manhã de verão. Primeiro veio a banda do regimento, com seus instrumentos de metal manchados e desgastados, com os músicos carregando pacotes estranhos amarrados nas mochilas. Não eram apenas músicos, mas também soldados, vestidos com uniformes gastos e sujos. Apesar do evidente cansaço, marchavam com certa dignidade, tocando uma melodia animada. Seguindo-os estavam os ciclistas, acompanhando o ritmo das tropas em marcha. Depois veio um oficial a cavalo, seguido pelo corpo principal do regimento. Muitos dos rifles tinham a coronha embrulhada em panos esfarrapados. Cada soldado carregava tudo o que conseguiu trazer para a campanha, incluindo um par de binóculos. Os homens estavam sobrecarregados com uma variedade de equipamentos quebrados, rasgados e remendados. A exaustão deles era evidente a cada passo, seus rostos pálidos e tensos. Entre eles estava um jovem oficial que mal conseguia andar, como se cada passo tirasse tudo dele. Ele se movia como se estivesse em transe, seus movimentos lentos e trabalhosos, talvez por pura exaustão. Ocasionalmente, uma bandeira triangular seria hasteada para sinalizar as posições de diferentes empresas nas trincheiras. O regimento veio das trincheiras, mas ninguém sabia dizer quais.

O que se seguiu foi uma procissão de apoio logístico: unidades da Cruz Vermelha, cavalos, cozinhas de campo, carroças, metralhadoras e munições. O vapor subia do equipamento de cozinha enquanto as refeições eram preparadas. Mesmo no meio da guerra, o regimento parecia autossuficiente, administrando sua própria comida, suprimentos médicos e munições sem alarde ou cerimônia. A marcha não foi uma grande revisão, mas o ritmo calmo e determinado de uma força de combate que resiste às adversidades da guerra.

À medida que o regimento passava, não pude deixar de sentir uma profunda empatia por aqueles soldados. Desejei que aquele jovem oficial encontrasse um lugar para descansar, uma cama decente onde pudesse se recuperar do cansaço. Foi uma cena cheia de emoção, mas envolta em mistério. Qual foi o papel deste regimento específico na estratégia mais ampla concebida pelo General Joffre?

Apesar de tudo isto, depois de algum tempo na frente, começa-se a compreender que, embora a condução da guerra possa parecer misteriosa, não é vaga nem casual. Lembro-me de ter visitado uma aldeia recentemente libertada, ainda com as marcas da sua recente conquista. Os soldados que encontrei estavam cheios de energia, mas havia uma inconfundível sensação de alerta em seu comportamento. Eles estavam constantemente em guarda, conscientes dos perigos que os cercavam. À medida que explorávamos a aldeia, tornou-se claro que tudo tinha sido meticulosamente organizado: trincheiras, fortalezas, metralhadoras, arame farpado — tudo concebido para resistir aos ataques inimigos. O comandante, visivelmente ansioso, certificou-se de que estávamos fora da vista de potenciais atiradores alemães, sabendo que qualquer lapso de vigilância poderia resultar em consequências catastróficas.

Um caminho havia sido aberto em meio a uma fileira inteira de chalés, permitindo que nos movêssemos por ele. Era como caminhar por uma rua ladeada por figuras silenciosas e vigilantes. Então, uma voz baixa nos avisou para não falarmos, pois os alemães poderiam ouvir. Prosseguimos com cautela, espiando minas profundas, rastejando por passagens estreitas e desaparecendo em longos túneis subterrâneos. Saímos para um espaço onde os soldados estavam parados, comendo alegremente enquanto conversavam entre si. Perto dali, um grupo de homens praticava com granadas de mão inofensivas, cujas explosões reverberavam no ar.

Segui o comandante quando viramos uma esquina e nos vimos olhando para alguma coisa — embora não me lembre mais o que era. "Não fique aqui", disse ele, fazendo sinal para que eu seguisse em frente. Quase assim que me afastei, uma bala atingiu a parede onde eu estava alguns segundos antes. Foi um lembrete gritante do perigo constante que espreitava em cada esquina.

A atmosfera na frente estava carregada de tensão. Havia uma sensação avassaladora de que todos estavam presos em uma luta contínua, empurrando uns contra os outros como lutadores, cada centímetro de terreno disputado acaloradamente. "Casual" seria a última palavra que se usaria para descrever qualquer coisa que acontecesse aqui.

Em outra ocasião, após uma longa caminhada, um dos capitães do estado-maior instruiu um carro a nos encontrar no final de uma estrada. Parte desta estrada foi exposta à artilharia alemã a vários quilômetros de distância. Assim que o carro apareceu, ouvimos o som inconfundível e sinistro de um projétil chegando. Cortou o ar e, antes mesmo que o som crepitante desaparecesse, a explosão ecoou pela paisagem. O projétil – um explosivo de 77 mm – caiu com um estrondo estrondoso.

Os alemães foram metódicos em seus bombardeios. Durante a meia hora seguinte, eles percorreram meticulosamente o mesmo trecho da estrada, lançando projéteis após projéteis em intervalos de dois minutos. Cada projétil caía a distâncias regulares, a cada cem metros ao longo da encosta. De um abrigo próximo, observei o bombardeio. Foi uma demonstração assustadora da precisão dos alemães, embora, do meu ponto de vista, também parecesse um desperdício tolo de munição. A estrada estava claramente vazia, mas eles continuaram a atirar.

Naturalmente, decidimos não usar essa estrada. Em vez disso, fizemos um desvio por uma área arborizada para encontrar o carro em um local mais seguro. A estrada era inevitável, porém, pois era a única rota disponível. O comandante, sempre profissional, não se comoveu diante dos perigos. "O carro deve subir a estrada", declarou ele, implacável. "Deixa para lá."

O fato de o carro estar sendo usado para conveniência civil e não para operações militares não o preocupava. Ainda era um veículo militar, dirigido por um soldado, e tinha uma função a cumprir. Suas palavras foram quase brincalhonas quando ele se virou para o motorista: "Você pode ir imediatamente. Vamos ver você sofrer!" Um oficial subordinado riu da situação, embora eu pudesse ver que ele estava preocupado.

Apesar das nossas reservas, o carro seguiu em frente. O bombardeio finalmente parou e o motorista passou ileso, relatando mais tarde que cinco grandes crateras haviam se formado na estrada.

Outra vez, estávamos nas trincheiras, abrindo caminho através de um labirinto de trincheiras de comunicação estreitas e sinuosas em uma encosta íngreme. Um momento de descuido – uma breve exposição acima do parapeito da trincheira – resultou num bombardeio imediato de projéteis altamente explosivos. Naquele momento, a exaustão da nossa jornada, juntamente com uma fome torturante, pareceram desaparecer. O som de granadas assobiando no alto me chamou a atenção e, de repente, todo o cansaço desapareceu em segundo plano.

Os projéteis continuaram a cair nas nossas proximidades, aproximando-se progressivamente. Nós nos dividimos em pares e corremos, mantendo distância entre nós, conforme as instruções. Após cada explosão, fazíamos uma pausa, contando cinco segundos, até que todos os fragmentos do projétil se assentassem. Não demorou muito para que uma granada parecesse cair bem na minha frente, fazendo o chão tremer violentamente. Senti a ardência da fumaça da explosão, mas ela não caiu diretamente sobre mim – caiu logo à minha esquerda.

As trincheiras, percebi, eram maravilhas de sobrevivência. Senti a onda de choque da explosão, mas a trincheira me protegeu. Momentos depois, um amigo pegou um estilhaço do projétil – uma bola irregular e multifacetada projetada para causar o máximo de dano. Foi um lembrete preocupante de que, mesmo face a tal caos, a guerra não foi casual nem acidental.

Um dos lugares onde a natureza brutal e inflexível da guerra se tornou mais evidente para mim foi em Notre Dame de Lorette. A pequena capela que ali existia, hoje um símbolo icónico da guerra, estava longe de ser bonita, pelo menos segundo as fotografias. Mas o terreno ao redor era outro assunto. A terra atrás das linhas de frente foi meticulosamente organizada, com camadas de defesas acima e abaixo do solo, concebidas para resistir à violência da guerra. Embora o layout da área permaneça tácito, posso dizer que ela incluía todo tipo de precaução, desde suprimentos armazenados com segurança no subsolo até vários tipos de estratégias defensivas.

Lembro-me de ver pilhas de chaminés de lâmpadas enterradas na terra, intocadas pelo tempo. A cena era assustadoramente completa, uma personificação do rigor com que a guerra foi preparada. Entre estes, encontrámos prisioneiros – dois jovens soldados alemães sob guarda numa pequena cabana. Eles haviam se adentrado demais no labirinto de trincheiras e se perdido. Um deles era um homem da Cruz Vermelha, provavelmente estudante de medicina antes da guerra. Ele estava empoeirado, cansado e parecia carregar o peso de uma missão na qual não acreditava mais. Senti-me solidário com ele. Seu rosto, embora cansado e sombrio, ainda guardava um traço de força juvenil.

Logo encontramos outro prisioneiro, um garoto de não mais de vinte e um anos. Ele estava doente, coberto de sujeira, o uniforme em farrapos, manchado de sangue e buracos de bala. Alguém lhe dera um pedaço de pão, enfiado dentro da túnica. Ele parecia uma sombra do que era antes, com olhos vazios e exausto. O oficial encarregado o questionou, mas o menino tinha pouco a dizer. Seu ânimo parecia abalado, mas havia um alívio inegável em seu comportamento, como se, finalmente, ele estivesse livre dos horrores da guerra. Não pude deixar de me perguntar sobre a mulher que o enviou para lutar — talvez sua mãe. Seu desgosto era inimaginável e, ainda assim, no contexto da guerra, ela teria sido informada de que seu filho havia morrido por uma causa nobre.

Mais tarde, ao passarmos dos prisioneiros e de suas histórias sombrias, nos deparamos com algo mais estratégico: um mapa. Este mapa era imenso, espalhado no meio de uma clareira na floresta. Usando giz de cores diferentes, marcou o progresso das linhas de frente, com o amarelo mostrando o avanço até Maio, o azul marcando novos ganhos em Junho, e o vermelho indicando as últimas invasões, apenas na noite anterior.

Os oficiais examinaram o mapa com orgulho, apontando posições-chave. Suas vozes, cheias de determinação, falavam sobre onde as próximas batalhas se desenrolariam. O mapa era uma prova da pressão implacável aplicada aos alemães. Embora respeitassem as proezas militares do inimigo, os oficiais daqui nutriam um desprezo particular por certas divisões alemãs, especialmente pelos prussianos, que consideravam menos resilientes do que os bávaros.

Além da floresta, a paisagem era um deserto. O solo foi bombardeado implacavelmente, deixando para trás nada além de crateras e metal retorcido. Não havia árvores, nem vegetação – apenas desolação. As trincheiras de comunicação que seguimos nos levaram através desta terra árida, onde nem uma única folha de grama poderia crescer. O bombardeio interminável esterilizou a terra.

À medida que continuávamos a nossa viagem, encontrámos soldados que nos contaram as suas histórias. Um capitão contou como, no dia 9 de março, ele e os seus homens lutaram para manter a sua posição, apesar da água gelada e do gelo na trincheira. "Não nos rendemos", disse ele com orgulho, "mas perdemos vinte homens e mais vinte e quatro tinham os pés congelados." Para ele, aquela data marcou uma virada em sua vida.

Mais adiante, encontramos outro oficial falando urgentemente ao telefone, orientando seus homens sobre onde atirar. Ao nosso redor, a guerra desenrolava-se em tempo real, com os soldados ainda empenhados na luta por um terreno que parecia escapar-lhes dos dedos.

Então chegamos a um local onde podíamos ver as planícies. Aldeias em ruínas, devastadas pelo conflito, pontilhavam a paisagem. Souchez, St. Eloi, Angres — nomes agora infames em todo o mundo pelo derramamento de sangue que testemunharam. A aldeia de Ablain St. Nazaire, porém, se destacou. Outrora uma comunidade próspera, agora era pouco mais do que uma coleção de madeiras enegrecidas e estruturas destruídas. Sua igreja, uma concha oca, erguia-se como restos de um esqueleto. Para aqueles soldados que lutaram e morreram ali, esta aldeia nunca mais seria a mesma.

V. Linhas Britânicas

Imagine uma vasta planície, mas não vazia. Nem é um trecho árido, desprovido de vida ou elevação. Pelo contrário, é uma paisagem pontilhada de colinas, entre as quais se ergue uma particularmente notável, coroada por um encantador centro histórico que oferece vistas deslumbrantes sobre a área circundante. Esta extensão está longe de ser monótona. É ricamente arborizado, bem cultivado e de forma alguma desolado. A planície está repleta de aldeias espalhadas por ela, e pequenas cidades mercantis nunca estão muito distantes umas das outras. Esses assentamentos são interligados por uma rede de estradas, muitas delas pavimentadas, e canais, com um número respeitável de ferrovias passando por eles.

Do ponto de vista aéreo, a primeira coisa que chama a atenção é a abundância de árvores. Os seus topos arredondados parecem dominar a paisagem, e apenas os topos das torres das igrejas se elevam acima deste dossel verdejante. Outras formas de arquitetura são menos proeminentes, visíveis apenas em vislumbres entre a folhagem. Os tons predominantes da paisagem são tons de verde e cinza, e muitas vezes o céu reflete essa paleta, pesado e nublado. O forte contraste entre o Norte de França e o Sul da Bélgica é subtil, marcado apenas pela linguagem nas placas das lojas e nos menus dos cafés, com as duas regiões a apresentarem uma notável semelhança nas suas características físicas e culturais.

A presença britânica nesta terra é notável, distinguida por uma mistura de civilidade formal e calor subjacente. A ocupação é ao mesmo tempo visível e discreta, um equilíbrio entre ordem militar e conexão humana.

Um encontro particular se destaca. Enquanto eu estava sentado na rua de um vilarejo, saboreando uma refeição ao ar livre de sanduíches de geleia, com um automóvel servindo de bufê, perguntei a um menino desalinhado que brincava com um pequeno terrier: "Como você chama seu cachorro?" Ele respondeu com um sorriso tímido, mas orgulhoso, "Tommy". A zona rural, atravessada por linhas telegráficas e telefónicas, está repleta de um visível sentido de estrutura, nomeadamente na forma de sinais de trânsito. As placas são grandes e diretas, sendo uma das mais comuns o comando "Caminhões muito lentos", exibido em negrito tendo como pano de fundo ruas estrangeiras. Em quase todos os cruzamentos movimentados das cidades, os soldados atuam como diretores de trânsito, garantindo o fluxo suave de um volume impressionante de veículos.

As estradas estão constantemente congestionadas, repletas de transporte mecânico. A enorme escala do tráfego é esmagadora, com os camiões a monopolizar as estradas. Estes veículos enormes, com o seu tamanho desajeitado, criam o caos quando se misturam com outras formas de transporte – automóveis, despachantes em motocicletas, carroças de camponeses e soldados em marcha. O resultado é um engarrafamento muito mais caótico do que se poderia encontrar num movimentado centro da cidade, como Piccadilly Circus antes de um espetáculo de teatro. Os camiões, embora pesados, contribuem muitas vezes para o engarrafamento, não apenas devido ao seu tamanho, mas também devido ao comportamento dos soldados que os transportam. Cada caminhão normalmente carrega dois soldados na frente e um atrás. No entanto, o soldado solitário na retaguarda, sentindo-se isolado, muitas vezes salta para o banco da frente para se juntar aos seus camaradas, criando um estrangulamento atrás deles enquanto outros veículos tentam desesperadamente passar. Somente quando o carro de um oficial do Estado-Maior é afetado é que os soldados voltam a contragosto aos seus devidos lugares, após uma breve mas dura reprimenda.

Essa atividade movimentada e desordenada nas estradas pinta o quadro de uma máquina complexa e bem lubrificada operando em segundo plano. É um sistema tão vasto e multifacetado que imediatamente traz à mente aquele homem que é a figura central desta organização – o comandante supremo. Embora ele não seja evasivo, sua presença é grande. Corre rapidamente a notícia de que ele estará disponível para um encontro em determinado horário, e quando você chega alguns minutos antes do previsto, você se encontra em um escritório grande, um tanto austero, com um toque distintamente gaulês, suavizado pela presença pesada de seu anglo -Cajado saxão.

Você logo é apresentado aos membros do Estado-Maior, que, embora famosos e renomados, entram e saem do escritório com um ar de indiferença casual. São especialistas, os seus nomes são sinónimos de excelência militar, mas na sala ao lado, para além das pesadas portas duplas, está o verdadeiro poder desta operação. O Comandante-em-Chefe. Quando você finalmente consegue entrar na presença dele, o efeito é imediato – uma sensação de admiração e gravidade preenche a sala.

A sala em si, que já foi uma sala de estar, ainda traz traços de sua antiga elegância, com paredes revestidas de seda e a presença persistente de um piano de cauda no canto. No centro, uma grande mesa contém um mapa detalhado, que se estende sobre a mesa como uma paisagem em miniatura. O próprio homem é uma figura atarracada, não alto, mas sólido, com mãos e pés pequenos e unhas desgastadas com caráter. Seu bigode branco curto e olhos claros contrastam fortemente com sua tez avermelhada. Seu queixo é particularmente notável, uma característica quase desafiadora. Não há nada excessivamente refinado nele; em vez disso, seu comportamento é focado e intenso, falando frases curtas e reflexivas e andando de um lado para outro, fazendo pausas pensativas entre as palavras. Quando ele fala sobre o inimigo, especialmente os alemães, há um gesto deliberado, um balançar de cabeça desafiador que fala muito da sua determinação. É a postura de um homem pronto para acertar contas antigas. Sua presença exala um ar de determinação obstinada e combatividade silenciosa.

Após uma breve conversa, o Comandante-em-Chefe dispensa você e, ao sair, permanece a sensação de ter conhecido uma figura lendária. Mas ele não é a única figura importante nesta extensa rede militar. Existem duas outras figuras-chave, ambas igualmente formidáveis por si só: o Intendente-Geral, que supervisiona o fornecimento de materiais, e o Ajudante-Geral, responsável pelo fornecimento de mão-de-obra. Ao lado dele está o Grande Reitor Marechal, uma figura de autoridade máxima, garantindo a disciplina e defendendo o poder de determinar a vida e a morte.

Cada uma dessas figuras opera dentro de uma rede que abrange múltiplas camadas de comando. Cada exército, corpo, divisão e brigada tem o seu próprio líder e estado-maior, todos trabalhando incansavelmente para garantir o bom funcionamento desta vasta e complexa operação militar. Durante meu tempo em campo, tive a oportunidade de jantar e conversar com vários oficiais de alta patente, todos admiravelmente dedicados e em constante movimento. Raramente tinham tempo para relaxar, alguns levantavam-se de madrugada e só se retiravam depois da meia-noite. Um general que conheci comentou sobre seu lindo jardim, mas quando perguntei se ele já o visitou, ele respondeu com um sorriso irônico: "Nunca estive nele".

À noite, depois de um longo dia de trabalho, os generais muitas vezes partiam nas suas limusinas, regressando aos seus escritórios para a sessão de trabalho nocturna que se estenderia até às primeiras horas da manhã. O enorme volume de trabalho e responsabilidade, mesmo no nível mais baixo de comando, como um Quartel-General de Divisão, é impressionante. Cada divisão comanda cerca de vinte mil soldados, e o trabalho envolvido é em grande parte administrativo, muitas vezes mundano e rotineiro. No entanto, alguns dos trabalhos mais fascinantes ocorrem nos departamentos de fotografia e elaboração de mapas. Milhares de mapas são produzidos, cada um mostrando um aspecto diferente do campo de batalha em vários momentos, e mapas especiais são distribuídos regularmente aos oficiais de campo, garantindo que eles tenham as informações mais atualizadas para orientar suas decisões.

Em todos os cantos desta vasta rede, desde os generais até aos soldados de infantaria, há um foco incansável na ordem, precisão e eficiência, reflectindo a imensa responsabilidade suportada por cada indivíduo na manutenção do esforço de guerra.

Os galpões de equipamentos e reparos do Royal Flying Corps eram algumas das estruturas mais notáveis que eu já tinha visto — perfeitamente projetadas, não apenas por sua finalidade prática, mas também com um toque de elegância. Tive a oportunidade de visitá-los durante uma forte tempestade, o que só aumentou o sentimento de admiração. O maquinário interno era vasto e impressionante; os níveis de produção, surpreendentes. A organização era metódica, científica e eficiente, e a equipe, amigável e altamente capaz. Ao olhar para os aviões – aquelas gaiolas cheias de pássaros, como eram frequentemente chamados – e absorver a própria essência do voo, não era mais difícil imaginar os feitos extraordinários que esses aviadores realizavam diariamente, voando pelos céus em todas as direções. . Um homem, por exemplo, sobrevoava Ghent duas vezes por semana, com a mesma regularidade do horário do trem, e nunca foi gravemente ferido. Esses aviadores tinham uma vantagem física única, ou assim se acreditava: o ruído de seu próprio motor abafava os sons das explosões de estilhaços dirigidos contra eles.

Acontece que o soldado britânico estacionado em França e na Flandres está longe de ser auto-suficiente. Ele requer uma quantidade incrível de apoio – mais do que a maioria poderia imaginar. Certa vez, vi as rações para um único dia dispostas em uma bandeja e parecia uma quantidade impossível de consumir de uma só vez. Havia carne, bacon em abundância, queijo, geléia, pão e vegetais. Havia também chá, açúcar, sal, condimentos e, às vezes, manteiga, bem como um suprimento semanal de sessenta gramas de tabaco e uma caixa de fósforos. Mas o item de maior destaque na bandeja era, sem dúvida, a carne. Paralelamente, o soldado precisava de mais do que apenas comida. Ele precisava de combustível, cartas de entes queridos, limpeza, roupas e uma variedade de suprimentos de guerra necessários para a sobrevivência diária e a guerra. E todas essas necessidades tiveram que ser atendidas de forma consistente e com grande precisão.

A magnitude desta procura só pode ser compreendida quando se consideram os fluxos contínuos de mercadorias que chegam ao Norte de França, não só da Grã-Bretanha, mas de todo o mundo. Este fluxo de materiais, impulsionado pela urgência da guerra, é como uma força poderosa e implacável – um íman invisível que puxa tudo para as linhas da frente, dia e noite. Rastrear o caminho específico ou o conteúdo preciso desses fluxos seria quase impossível, mas há um ponto onde todos eles convergem: o terminal ferroviário.

Uma estação ferroviária militar pode parecer uma pequena estação ferroviária normal e comum, mas é, na verdade, um centro crucial. Não é sequer o fim de uma linha férrea, embora sirva de quartel-general para uma Coluna de Abastecimento Divisional – uma divisão que é apenas uma entre muitas em França e na Flandres. Essa estação específica era dirigida por um major que, apesar de seu uniforme cáqui e do uso de linguagem militar, não era o estereótipo do major de regimento. Seu foco não estava na estratégia ou no combate, mas no negócio de abastecimento. Sua função era receber ordens das Brigadas da Divisão, que mudavam constantemente, e garantir que essas ordens fossem cumpridas dentro de um curto espaço de trinta e seis horas. É possível que este major nunca tenha visto uma trincheira e certamente não era habilidoso com um revólver, mas sua experiência residia em lidar com os aspectos logísticos da guerra - garantindo que os trens chegassem na hora certa e que os caminhões estivessem em perfeitas condições de funcionamento. . A honra de sua equipe estava ligada às receitas, não às estratégias de batalha.

Este Major era responsável por tudo o que sua divisão precisava, exceto água e munições. Ele supervisionou a chegada de trens carregados de suprimentos, desde alimentos e roupas até cozinhas e armas de campanha, recebendo até cartas de esposas de soldados. Ele nunca questionou como esses itens chegaram; sua única preocupação era garantir que os trens fossem pontuais e que seus caminhões estivessem em ótimas condições. Dia após dia, toneladas de suprimentos saíam da ferrovia sob seu olhar atento, incluindo 280 malas de correspondência enviadas às tropas na linha de frente. Seus veículos eram mantidos com tanta precisão que brilhavam como se fossem os motores de um iate de luxo. Foi, de certa forma, o dandismo do Corpo de Serviço do Exército, mas também foi vital para o bom funcionamento do esforço de guerra.

Uma parte integrante da operação ferroviária era o Trem da Seção de Construção Ferroviária, que poderia construir novos trilhos a uma velocidade surpreendente – vários quilômetros por dia. Este trem independente serviu como depósito, oficina e quartel, tudo ao mesmo tempo, garantindo a expansão e manutenção contínuas das linhas ferroviárias que ligavam as linhas de frente ao resto do mundo.

Ao viajar pelas estradas, ocasionalmente via placas grosseiras pregadas em árvores com rótulos como "Forragem", "Mertimentos", "Carne" e "Pão". Se eu esperasse o suficiente, poderia observar um dos fluxos de caminhões vindos do terminal ferroviário parar e descarregar sua carga. Em poucos instantes, os suprimentos – sejam carne, pão ou vegetais – desapareceriam tão rapidamente quanto apareceram, levados para os campos, alojamentos e trincheiras. Noutra parte do campo, poderia testemunhar carneiro congelado da Nova Zelândia a ser assado num forno de barro, uma visão que, embora algo rústica, era estranhamente satisfatória. A enorme quantidade de comida sendo preparada era impressionante, e me pareceu notável como, mesmo em um ambiente tão primitivo, tanta coisa poderia ser feita.

Além dos alimentos, havia os materiais não comestíveis, principalmente no parque do engenheiro. Lá, você encontraria todas as ferramentas e dispositivos concebíveis relacionados à guerra – coisas que muitas vezes eram complexas demais para serem descritas em detalhes, mas eram essenciais para o esforço de guerra. Os telefones, capacetes e outros equipamentos estavam além de tudo o que a maioria dos civis já tinha visto. E então havia o trem de munição – uma visão verdadeiramente aterrorizante. Descarregar aquele trem significava lidar com todo tipo de munição, desde cartuchos de rifle até cartuchos enormes que poderiam facilmente destruir veículos. Ao lado dos explosivos, havia vários dispositivos pirotécnicos e bombas, algumas das quais pareciam estar apenas esperando o menor toque para detoná-las. Os policiais manuseavam esses dispositivos com inquietante indiferença, como se fossem apenas itens de rotina, mas era difícil não sentir uma sensação de perigo na presença deles.

O mais notável, porém, foi a ausência dos próprios soldados. Nas linhas britânicas, era quase como se o próprio Exército fosse invisível. Você podia ver soldados em todos os lugares, mas eles geralmente desempenhavam funções de apoio, garantindo que as necessidades materiais de outros soldados fossem atendidas. Os combatentes reais eram mais difíceis de encontrar, muitas vezes em pequenos grupos ou unidades individuais. Numa caminhada particularmente longa pelo campo, acompanhei um general e caminhei pelas trincheiras, apenas para descobrir dois soldados – um oficial e seu subordinado. Mas mesmo eles não estavam na linha de frente. O oficial passava os dias observando a frente alemã através de um telescópio em seu abrigo, onde tinha uma cama, um telefone e alguns itens pessoais. Ocasionalmente, o telefone tocava levemente, mas quando perguntei sobre isso, o enfermeiro explicou que não havia motivo para preocupação. Era apenas alguém conversando com outra pessoa.

A tarefa do oficial era monitorar uma seção específica da frente e reportá-la, mas enquanto eu estava ali, não pude deixar de pensar na vasta extensão de terra, nas colinas e vales que havíamos atravessado para chegar a esse ponto, e os pedaços de terra aparentemente triviais que foram foco de tanta violência. Isso me fez pensar quanto sangue foi derramado por pedaços de terra tão pequenos e insignificantes.

O oficial nos explicou meticulosamente cada detalhe, proporcionando uma compreensão profunda do comportamento dos soldados alemães, conforme os havia observado. No entanto, quando se tratava de seus próprios hábitos, ele permanecia em silêncio. Ele não era apenas um oficial; ele era um mero observador – observando constantemente através de uma fenda estreita no banco de reservas, desapegado de quaisquer preocupações pessoais. Seu estilo de vida, seu conforto, seus pensamentos – se sua cama era desconfortável, como ele conseguia sua comida ou se alguma vez se sentiu entediado – eram perguntas que nunca fazíamos. Seu humor, seus pensamentos particulares sobre a vida no banco de reservas e até mesmo a frequência com que recebia cartas eram assuntos que deixamos de lado. Ele era uma figura enigmática, um homem definido apenas pelo seu papel de observador.

Ele era um oficial baixo e bem-educado, com voz suave, mas houve um certo calor quando o General, que já havia partido, parou sob a cobertura de uma folhagem próxima. O General, com um leve sorriso e um aceno de cabeça, dirigiu-se a ele pelo nome: "Boa tarde, Blank", sua voz imbuída de um calor inconfundível. Ficou claro que havia um entendimento mais profundo entre eles, uma apreciação mútua que transcendia meras formalidades. "Você sabe - não é, Blank? - o quanto eu aprecio você." As palavras eram sutis, mas continham uma profundidade que era passageira no momento. Após a breve conversa, quando o General começou a discutir os music halls de Londres e os últimos artistas, a conversa normal voltou.

Noutra ocasião, vi-me testemunhando um espetáculo raro: vinte soldados preparando-se para um verdadeiro exercício de bombardeio. As condições eram tensas, pois praticavam o bombardeio de uma trincheira alemã com explosivos reais. O jovem oficial responsável, aparentemente não se incomodando com o perigo, demonstrou casualmente como manusear as bombas. "É perfeitamente seguro", ele nos assegurou, "até eu tirar este alfinete". Com isso, ele retirou o pino e observamos os homens marchando em direção à trincheira, preparando-se para a explosão. Fomos mantidos a uma distância segura, protegidos por qualquer cobertura que o terreno oferecesse – nada mais do que pequenos montes de terra. Sentinelas vigiavam, garantindo que ninguém se aventurasse muito perto. Fomos instruídos a nos agachar e nos proteger. Enquanto nos aconchegávamos atrás do nosso abrigo improvisado, ouvimos o som estrondoso de explosões – Bang! Bang! Bang! - acompanhado pelo zumbido agudo de estilhaços cortando o ar acima de nós. Quando a fumaça finalmente começou a se dissipar, espiamos pela borda e vimos os soldados avançando, enfrentando a trincheira bombardeada. Milagrosamente, nenhum deles foi ferido ou morto.

Ainda num outro caso, tive a rara oportunidade de testemunhar uma brigada inteira em ação. Vários milhares de homens, acompanhados pelos seus veículos de transporte, marcharam em formação perfeita, com dois generais observando atentamente qualquer sinal de imperfeição. A exibição foi nada menos que majestosa – uma demonstração inspiradora de disciplina militar. No entanto, faltou-lhe a crueza que eu esperava da guerra. Em vez de sentir a tensão e o caos da batalha, vi uma máquina bem ajustada. Enquanto os observava marchar, comecei a perguntar-me: se todo o exército britânico marchasse ao meu lado a este ritmo, quanto tempo demoraria a passar? Calculei que seriam necessárias cerca de três semanas de observação ininterrupta, sem intervalos para refeições, para testemunhar toda a força. Foi uma constatação surpreendente – que me tornou ainda mais consciente de quão ilusória permanecia a verdadeira escala da guerra.

Uma imagem mais vívida dos militares surgiu-me quando visitei os banhos de uma nova divisão – o Novo Exército. Lá, os soldados tomaram banho, um alívio momentâneo da sujeira da guerra. A configuração era surpreendentemente britânica – talvez mais do que os soldados e oficiais imaginavam. Os banhos foram instalados em uma grande fábrica reaproveitada para esse fim. Um jovem subalterno, sem dúvida ansioso por entrar na luta, mas entregue a essa função administrativa, administrava os banhos. Ele não era apenas o zelador dos banhos, mas também supervisionava a operação da lavanderia, garantindo que os soldados pudessem vestir roupas íntimas limpas após o banho. A lavanderia empregava mulheres e meninas locais, trabalhando incansavelmente em temperaturas extremamente altas, embora nenhuma parecesse vacilar sob o calor. Depois de semanas cercadas pelo mundo cruel e mecânico da guerra, as mulheres, com sua graça e charme, eram uma visão bem-vinda. Eram impressionantes – talvez porque oferecessem uma lembrança fugaz do lado mais suave e humano da vida, que há muito estava ausente da nossa existência diária.

Entre os itens da lavanderia havia uma exposição peculiar de museu – uma coleção de camisas usadas durante os primeiros dias da guerra de trincheiras, relíquias da sujeira e da miséria que se tornaram parte de quem as usava. Essas camisas, segundo os especialistas, eram incomparáveis em sua total desordem. Foi um tributo estranho, quase grotesco, às profundezas da guerra.

Os banhos em si eram simples, mas eficientes: grandes tonéis fumegantes onde os soldados podiam limpar a sujeira do campo de batalha. Duzentos e cinquenta homens poderiam tomar banho, trocar de roupa e estar prontos para o serviço em uma única hora. Grupos maiores podiam circular pela manhã, embora a verdadeira escala da operação só tenha ficado clara quando vi companhias inteiras de soldados marchando, imundos e cansados, e emergindo recém-limpos, aparentemente mais compostos e confiantes. Foi um breve momento de descanso em meio ao caos. A massa de soldados marchando em direção aos banhos, e aqueles que marchavam para longe, suscitaram uma suspeita crescente de que existia um exército muito maior, escondido em algum lugar nas proximidades.

Mas, apesar destes vislumbres dos militares em acção, eu ainda não tinha compreendido verdadeiramente a vastidão do Exército ou a sua complexa infra-estrutura. Observei linhas de abastecimento e fluxos de recursos movendo-se para o oeste, de volta à Inglaterra. Ali, nos hospitais de Boulogne, testemunhei a próxima etapa desta jornada logística. O processo foi meticuloso e cada etapa foi planejada para garantir que os soldados recebessem o melhor atendimento possível, desde o Posto de Socorro até o Posto de Vestiário Avançado, a Ambulância de Campanha e, por fim, o Posto de Limpeza de Vítimas. Em Boulogne, vi um hospital onde milhares de soldados recebiam tratamento para os seus ferimentos. Mesmo nas Estações de Compensação, a ênfase estava na movimentação rápida dos casos – classificando-os e enviando-os para cuidados adicionais. Alguns homens, tendo passado pelos estágios iniciais, acabariam embarcando em trens-ambulância ou barcaças, navegando em direção à Inglaterra para tratamento mais intensivo.

Em Boulogne, a enorme escala do esforço para cuidar dos feridos tornou-se evidente. Só a roupa lavada era tão vasta que tomou conta da cidade, sendo o seu trabalho enviado para Inglaterra para processamento. Mas mesmo neste ambiente, o objectivo principal era resolver os casos — transferi-los o mais rapidamente possível para a fase seguinte do tratamento.

Uma das vistas mais marcantes foi o hospital de cavalos. Muitos dos cavalos ficaram feridos, alguns com ferimentos de bala, mas foram tratados com o mesmo cuidado e atenção que os homens. A visão de um cavalo submetido a uma cirurgia sob clorofórmio deixou uma impressão duradoura. O animal, tendo se recusado a acordar após a operação, foi gentilmente persuadido a voltar à vida. Era impossível ver o cavalo como outra coisa senão uma criatura viva que respirava, não diferente dos homens que eram tratados de seus ferimentos.

Nos momentos finais do meu tempo na frente, tive um vislumbre da verdadeira escala do Exército Britânico. Caminhei por estreitos caminhos de madeira, passando por muros de sacos de areia que formavam as defesas da linha de frente. Através de um periscópio, vi as posições inimigas e o arame farpado que nos separava. Os homens entravam e saíam de vista, preparando-se para o combate ou cuidando de tarefas menores. Os soldados estavam prontos, mas a atmosfera estava estranhamente calma — distante do caos das linhas de frente. Ao me separar do Major, que me guiava pela área, fiquei impressionado ao perceber o quão diferente o mundo que eu tinha visto era daquele que eu havia imaginado.

"Bem, o que você acha das nossas 'trincheiras'?" — perguntou o major, com a voz cheia de expectativa.

"Tudo bem", respondi, embora minha resposta fosse mais por hábito do que por entusiasmo genuíno. Eu me perguntei se minha breve resposta o satisfez.

Ao sair, não pude deixar de refletir sobre o que acabara de testemunhar. Compreendi, pela primeira vez, o que a guerra realmente era: uma máquina complexa e implacável, que destrói tudo em seu caminho. Mesmo assim, eu ainda não conseguia afastar a sensação de que havia muito mais abaixo da superfície, escondido da vista. E quando parti, meus pensamentos se voltaram para a jornada à frente, imaginando se conseguiríamos navegar com segurança pela estrada de volta.

VI: A Cidade Única

Ao nos aproximarmos de Ypres, encontramos uma carroça civil, cujo conteúdo era uma mistura de móveis de uma casa modesta e várias peças compridas de molduras douradas para quadros. A visão do ouro reluzente na carroça chamou nossa atenção em meio ao caos. O vento era implacável, forte e quente, levantando a poeira da estrada e da ferrovia próxima, tornando o ar denso e desconfortável. O estrondo distante do fogo de artilharia era constante, um lembrete do perigo que nos rodeava. Fomos instados repetidas vezes a passar apressadamente por certas áreas, para evitar demoras, e os veículos que nos transportavam receberam instruções precisas sobre onde nos proteger durante nossas breves ausências.

À medida que continuávamos, passamos por um local onde uma bomba atingiu o chão ao lado da estrada, fazendo com que uma chuva de terra e pedras caísse sobre o telhado de um asilo no lado oposto. Estranhamente, o próprio asilo parecia intocado e a estrada sob nossos pés estava ilesa. No entanto, os destroços da explosão espalharam-se pelo telhado. Apesar dos sinais de destruição à nossa volta, sentíamos pouco medo; as chances de o fabricante do porta-retratos escapar com seus pertences pareciam esmagadoramente a seu favor. E de fato, ele fez. Ainda assim, a situação tocou algo estranho dentro de mim. Para uma mente excessivamente sensível e não-alemã, parecia quase injusto que o moldurador, depois de sofrer a perda do seu sustento, tivesse de arriscar a sua vida apenas para salvar os restos da sua outrora próspera carreira.

Mais adiante na cidade, perto dos arredores, testemunhamos dois homens trabalhando para resgatar tábuas de um andar superior de um prédio que sofrera poucos danos. Foi quase tudo o que restou da estrutura e trabalharam com determinação, arriscando tudo para recuperar estes preciosos materiais. Os seus esforços, no contexto da destruição mais ampla, pareciam quase tolamente heróicos.

Já se passaram quase duas décadas desde a última vez que visitei Ypres e, naquela época, o trabalho de restauração da cidade estava apenas começando. A restauração de marcos históricos, incluindo o Cloth Hall e a Catedral de St. Martin, estava quase concluída quando a guerra eclodiu, bem a tempo de o conflito causar estragos. Este facto, como argumentaram alguns alemães, reforçou a sua teoria de que a Bélgica, em conluio com a Grã-Bretanha, tinha estado sempre a preparar-se para a guerra – uma afirmação absurda, mas amplamente divulgada. A Grande Place, uma das maiores praças públicas da Europa, ainda era reconhecível. Na verdade, era tão vasto que um transatlântico de tamanho médio caberia confortavelmente dentro dele. Não havia nenhuma outra praça em Londres ou Nova York onde um navio de 10 mil toneladas pudesse ser tão facilmente acomodado. Até mesmo um navio de 15 mil toneladas como o árabe caberia, ainda que na diagonal.

A Grande Place testemunhou muita história. No século XIII, era o coração de uma cidade próspera, com uma população movimentada de 200 mil tecelões. No entanto, ao longo dos séculos, uma combinação de má gestão local e agressão estrangeira reduziu drasticamente a população da cidade. No século 16, caiu para 5.000 e, no século 20, diminuiu para pouco mais de 17.000. Agora, estava completamente deserto. A cidade tornou-se inabitável. Poucos meses antes da minha visita, a cidade estava cheia de vida. As pessoas que fugiram durante a primeira vaga de bombardeamentos começaram a regressar, mas a sua esperança durou pouco. Na terceira semana de abril, a

Grande Place já apresentava algum comércio, com barracas vendendo cartões postais retratando a destruição da estação ferroviária. Mas então veio o grande bombardeio que, segundo me disseram, ainda estava em andamento.

Para compreender a extensão da devastação, basta entrar na Catedral de São Martinho. Esta estrutura gótica, construída principalmente no século XIII, sofreu danos catastróficos. A torre, que permanecia incompleta desde a sua construção, nunca seria concluída agora. Grande parte do corpo da catedral estava em ruínas. O coro estava completamente descoberto e partes da abside e da nave do início do gótico foram destruídas. A rosácea do transepto sul, outrora uma vista deslumbrante, foi reduzida a nada. No interior, os destroços das partes destruídas do edifício empilharam-se como uma montanha irreconhecível, cobrindo o outrora grandioso interior. A pilha de tijolos quebrados, pedras e poeira se estendia por 15.000 a 20.000 pés quadrados, chegando a seis ou sete metros de altura em alguns lugares. Era como se a catedral tivesse sido engolida pela própria terra. Escalar o monte de escombros era perigoso, pois parecia uma cordilheira traiçoeira.

Apesar da ruína, alguns vestígios de beleza permaneceram. As cores vivas do altar contrastavam fortemente com a devastação circundante, e o órgão, milagrosamente intacto, agarrava-se à parede norte do coro. Na sacristia, candelabros e móveis do altar estavam amarelados pelos efeitos corrosivos do ácido pícrico. À distância, a catedral parecia sólida, mas uma vez lá dentro, o medo de que os frágeis restos pudessem desabar à menor perturbação era palpável.

Ao sair da catedral, tive uma sensação de alívio, mas essa sensação durou pouco. Lá fora, fui confrontado com a força destrutiva que causou esta devastação. Um projétil de

17 polegadas deixou uma cratera de 15 metros de largura, e a explosão ocorreu em um cemitério, onde os ossos do falecido estavam agora espalhados entre os destroços.

O Cloth Hall, talvez mais impressionante do que a própria catedral, sofreu danos semelhantes, se não piores. A fachada de três andares, que já foi uma maravilha da arquitetura, estava em estado de colapso parcial. Havia uma enorme lacuna no lado esquerdo e o vidro já havia sumido. A fachada parecia inclinar-se ligeiramente para a frente, embora eu não conseguisse dizer se era uma ilusão de ótica ou uma mudança real na sua estrutura. A torre central, embora destruída, ainda mantinha alguma semelhança com sua forma original. O resto do interior do edifício foi reduzido a uma confusão caótica de escombros. O belo Niewwerk, uma estrutura renascentista no extremo leste do Cloth Hall, havia desaparecido completamente, junto com a vizinha Câmara Municipal. Apenas fragmentos de alvenaria em arco e pilhas de entulhos marcavam o local onde antes estavam.

A área ao redor da Grande Place não era melhor. Caminhando pela praça, me vi cercado por escombros e ruínas. Alguns edifícios, como o Hopital de Notre Dame, sobreviveram relativamente ilesos, embora ainda estivessem bastante desfigurados. O resto da praça, porém, era pouco mais que um cemitério de paredes destruídas e estruturas desmoronadas. Em certas áreas, o cheiro da decadência e da morte pairava no ar, uma dura lembrança do custo da guerra.

A certa altura, parei para fazer um esboço da cena, na esperança de capturar a grandeza da destruição para a posteridade. A visão diante de mim, com os seus vestígios assustadores de edifícios outrora grandes, era tão impressionante que pensei que o governo britânico tinha o dever de fotografá-la adequadamente, para garantir que o mundo visse a escala da devastação.

Sentei-me na beira de um buraco perto do hospital, sem ousar chegar muito perto, com medo de que o prédio desabasse. O vento uivava ao meu redor e o som de tiros distantes nunca parava. Um avião britânico voou bem alto, e a sua presença era um lembrete de que a guerra estava longe de terminar. As ruas ao meu redor estavam estranhamente silenciosas, exceto pelas rajadas ocasionais de vento ou pela fumaça distante de outro prédio em chamas. A Grande Place, que já foi um próspero centro de comércio e vida, era agora uma lembrança desolada e assustadora da destruição causada pela guerra.

Sussurrei para mim mesmo: "Um projétil pode cair aqui a qualquer momento."

O medo invadiu meu coração, mas, surpreendentemente, não foi o medo de uma concha iminente que me consumiu. Não, era algo muito mais intenso: a solidão avassaladora e sufocante. Cidades como Reims e Arras, embora afetadas pela guerra, ainda eram habitadas. Havia pessoas — carteiros, jornais, lojas e até cafés que vibravam com o ritmo fraco da vida normal. Mas em Ypres não havia nada. Sem agitação, sem vida. Cada rua parecia um deserto vazio, desprovido até mesmo dos sinais mais básicos de existência. Nem um único cachorro procurou restos. O silêncio era sufocante, pesado como um peso invisível pressionando meu peito.

Para evitar qualquer confusão, prometi ao oficial do Estado-Maior que não deixaria meu cargo na praça até que ele voltasse. Nenhum de nós queria correr o risco de vagar pelo labirinto de ruas, inadvertidamente brincando de esconde-esconde nesta cidade sombria e deserta. Então, fiquei sozinho, prisioneiro do vasto vazio que me rodeava. Ansiava desesperadamente pelo retorno de meus companheiros.

De repente, o som de vozes e passos ecoou fracamente ao longe. Dois soldados britânicos apareceram na esquina, atravessando lentamente a praça. Contra a vastidão do espaço vazio, pareciam minúsculos, quase insignificantes. Senti uma vontade repentina de me aproximar deles, de falar, mas sabia que não era assim. Os ingleses não fazem isso, especialmente num lugar como Ypres. Trocamos olhares casuais – nada mais, nada menos – cada um de nós fingindo que tudo estava perfeitamente normal.

Enquanto eles estavam à vista, tive uma estranha sensação de segurança, como se a presença deles pudesse afastar o desconforto crescente em meu peito. Mas assim que desapareceram na distância, o medo voltou, mais forte do que antes. Não era apenas medo, era uma sensação abrangente de pavor, uma sensação perturbadora que atormentava meus nervos e fazia minha mente disparar com pensamentos sombrios.

Eu tinha prometido esboçar a cena, então comecei a trabalhar, mas foi mais por obrigação do que por desejo. Terminada a tarefa, fiquei de pé, ansioso para escapar dos limites do meu cantinho. Vagueei pelas ruas, na esperança de ver meus amigos voltando, mas tudo que encontrei foi o mesmo vazio que me assombrava. Eu estava deprimido, irritado e sinceramente me arrependi de minha decisão de ir para o front. Eu não conseguia me livrar da sensação de que talvez nunca saísse vivo de Ypres.

Quando, finalmente, vi o oficial do Estado-Maior se aproximando, o alívio inundou-me. Mas a sensação de desolação permaneceu por muito tempo, como uma nuvem escura que se recusava a se dissipar.

Ypres, como tantos lugares afetados pela guerra, tinha ruas que outrora pulsavam de vida. Uma das estradas principais, a Rue de Lille, ficou marcada na minha memória. Estendia-se do lado oposto ao Cloth Hall, descia até o Portão de Lille e conduzia em direção às linhas alemãs. Esta rua era conhecida por sua arquitetura deslumbrante. Havia o Hospice Belle, um abrigo do século XIII para mulheres idosas, o Museu, que já foi o Hotel Merghelynck, cheio de antiguidades, e o Hospital de St. John, embora não tão notável quanto o seu homônimo em Bruges. A Maison de Bois, um belo edifício gótico, erguia-se orgulhosamente no final da rua, e o Steenen, uma estrutura do século XIV, tinha sido convertido na estação de correios da cidade.

No entanto, enquanto caminhava pela Rue de Lille, fiquei impressionado com a sua assombrosa desolação. Com exceção do correio, que parecia milagrosamente intacto, o resto da rua estava em ruínas. As paredes dos edifícios foram reduzidas a restos despedaçados, ervas daninhas brotaram das rachaduras nas pedras e a poeira rodopiava no ar, carregada pelo vento enquanto varria os restos fantasmagóricos da cidade. O cheiro de decomposição era generalizado, subindo da alvenaria quebrada que escondia os restos do passado. Era como se a própria rua estivesse de luto pela perda de uma vida outrora vibrante.

Entrando em uma rua lateral, passei pelo que pareciam ser casas de rendeiras. Estas casinhas, tão humildes e discretas, pareciam intocadas pela devastação. Os alemães, com a sua precisão meticulosa, teriam poupado essas ruas do fogo de artilharia, pois eram insignificantes no grande esquema da sua destruição. No entanto, não pude deixar de me perguntar como eles conseguiram tanta precisão com sua artilharia, guiados pelo que deviam ser mapas incrivelmente detalhados. Corria o boato de que alguns desses mapas haviam sido adquiridos por meio de fraude, que agentes alemães se faziam passar por cidadãos para coletar informações.

Apesar das ruas parecerem intocadas, a quietude era enervante. As portas das casinhas estavam escancaradas, revelando quartos em desordem. As pequenas salas, embora desordenadas, ainda continham resquícios da vida cotidiana: móveis, antes cuidadosamente arrumados, agora jogados de lado às pressas. As cornijas da lareira estavam cheias de bugigangas e as gavetas eram deixadas abertas, e não esvaziadas, como se as vidas dos habitantes tivessem sido abruptamente interrompidas.

Era impressionante como essas casas modestas eram semelhantes entre si, seus interiores praticamente idênticos em sua simplicidade. Esta ambição partilhada de espelhar a vida uns dos outros foi comovente, mesmo na sua trágica simplicidade. As próprias ruas pareciam contar uma história de vidas interrompidas, de mulheres e crianças que fugiam apressadamente, deixando para trás uma vida inteira de memórias e pertences espalhados como restos descartados das suas vidas passadas.

Embora os interiores fossem um retrato da vida familiar – utensílios de cozinha, roupas, pequenas lembranças de uma vida interrompida – hesitei em me aventurar no andar de cima. Eu sabia que saquear era estritamente proibido e respeitava as regras, embora não pudesse deixar de me sentir como um visitante de um mundo esquecido. Enquanto eu caminhava de casa em casa, a estranha quietude me dominava. Essas casas já estiveram vivas com o ritmo da existência cotidiana, mas agora eram lembranças vazias do que havia sido perdido.

Fiquei impressionado com a rapidez com que tudo mudou. Há pouco, essas casas eram lares. Então, um alarme – repentino e generalizado – varreu as ruas e, num piscar de olhos, tornaram-se estruturas abandonadas e sem vida, desprovidas dos seus antigos ocupantes. Para onde eles foram, eu nunca perguntei. Parecia inútil. Eles simplesmente desapareceram, absorvidos pelo vasto mar de refugiados.

Além da cidade, os subúrbios desolados também estavam em ruínas. As fábricas pareciam esqueletos enferrujados, os canais estavam estagnados e esquecidos, e as estações ferroviárias permaneciam silenciosas, abandonadas às ervas daninhas invasoras. Parecia que o próprio tempo havia parado, deixando apenas os destroços do que outrora fora uma comunidade próspera.

Não muito além dos arredores, ficavam as posições da artilharia alemã, com seus canhões apontados diretamente para o coração de Ypres. Estas eram as armas de destruição, guiadas por homens que dedicaram as suas vidas ao aperfeiçoamento da arte da aniquilação. Ao seu redor estavam soldados, antes homens livres, agora reduzidos a meros instrumentos de guerra, cumprindo ordens com eficiência brutal.

Cada projétil que choveu sobre Ypres foi produto de um planejamento meticuloso, resultado direto de ordens que foram pesadas e decididas com cálculos cuidadosos. A destruição desta antiga cidade não foi aleatória; foi um esforço proposital e deliberado para apagar algo bonito. Os generais, com os rostos cheios de uma satisfação sombria, celebravam cada golpe bem-sucedido. "Outra bomba na Catedral!" eles exclamariam. "Um buraco no Cloth Hall!" E assim, Ypres foi lentamente reduzida a escombros, a sua história centenária destruída.

“Mas”, você poderia dizer, “afinal, isso é guerra”. E sim, talvez isso seja verdade. Mas mesmo na guerra, há momentos em que paramos para reflectir sobre a tragédia de tudo isto.

O futuro de Ypres, embora incerto, continua a ser um assunto que cativa a imaginação. Embora seja apenas uma das muitas cidades que suportaram sofrimentos terríveis, ocupa, sem dúvida, um lugar único na história. Muitas cidades e aldeias mais pequenas sofreram uma destruição semelhante à de Ypres e, em alguns casos, podem até ter sofrido mais devastação. No entanto, nenhuma cidade com o mesmo nível de importância histórica, comercial e artística sofreu tanto como Ypres até agora. É um símbolo trágico da devastação causada pelas forças alemãs na Bélgica durante a guerra.

Ypres ficava na estrada para Calais, mas a sua proximidade a este caminho estratégico não foi a verdadeira causa da sua destruição. Mesmo que os canhões alemães não tivessem reduzido a cidade a ruínas, o caminho para Calais não teria sido mais fácil para a sua máquina militar. Ypres nunca foi concebido para ser uma fortaleza militar e não poderia ter servido como tal. Se os alemães tivessem conseguido derrotar as forças britânicas estacionadas perto de Ypres, teriam conseguido passar pela cidade com pouca resistência, como um predador através de um campo desprotegido.

O verdadeiro crime de Ypres foi a sua localização infeliz. Estava no caminho de um exército inimigo frustrado e enfurecido, que, apesar da sua esmagadora superioridade numérica e imenso poder de fogo, não conseguia desviar a pequena mas determinada força britânica na área. As forças alemãs, cheias de arrogância e excesso de confiança, ficaram compreensivelmente furiosas com a sua incapacidade de avançar. Na sua fúria, procuraram destruir alguma coisa – qualquer coisa – para aliviar a sua frustração. O resultado foi a destruição dos marcos arquitectónicos e culturais mais preciosos de Ypres, como a Catedral e o Cloth Hall, que desmoronaram sob o peso da sua raiva equivocada. As trincheiras da cidade, porém, permaneceram intactas.

Esta destruição de Ypres, embora sem sentido, traz consigo uma certa verdade psicológica. Foi o resultado de uma sensação avassaladora de impotência, uma necessidade desesperada de destruir algo quando a vitória não poderia ser alcançada no campo de batalha. Esta realidade psicológica permite compreender por que Ypres, a cidade da história e da beleza, foi reduzida a escombros. Marca o fim de um capítulo na história da cidade e o início de um futuro novo e incerto.

Para compreender o futuro de Ypres, é essencial avaliar os danos que sofreu. Embora a cidade tenha sido devastada, ela não está completamente destruída. Quando visitei em Julho, descobri que cerca de metade dos edifícios em Ypres ainda estavam de pé, embora em estado danificado. Embora estas estruturas estejam danificadas pela devastação da guerra, muitas podem ser rapidamente reparadas. Os residentes de Ypres, muitos dos quais foram deslocados, poderiam regressar às suas casas com dificuldade mínima, desde que as condições económicas fossem favoráveis. É inevitável que a situação económica melhore, à medida que o povo trabalhador da Bélgica reconstruirá o que foi perdido.

No entanto, as estruturas mais emblemáticas da cidade – aquelas que estavam no centro da vida cívica e cultural de Ypres – desapareceram. Tomemos como exemplo a Grande Place, que foi totalmente destruída. Se Ypres quiser recuperar de alguma forma a sua antiga glória, os edifícios que outrora revestiam a Grande Place terão de ser completamente reconstruídos. Isto exigirá um esforço imenso, pois as fundações destas estruturas estão enterradas sob os escombros. Estimo que havia pelo menos 150 edifícios de propriedade privada na Grande Place, cada um com vários andares, e cada um já foi uma fonte vital de renda e sustento para seus proprietários. Aqueles que antes chamavam Ypres de lar estão agora espalhados pela Europa, empobrecidos e desanimados. A mesma devastação estende-se a outras ruas importantes como a Rue de Lille.

Se os proprietários das propriedades de Ypres regressassem e tentassem reconstruí-las, a escala da tarefa seria esmagadora. Exigiria imensa iniciativa, resiliência e uma fé no futuro que poderia intimidar até os mais audaciosos entre eles. Além disso, a tarefa de reconstrução será dificultada pela falta de capital financeiro e de mão-de-obra, uma vez que a Europa está no meio da recuperação da guerra. A escassez de mão-de-obra será provavelmente mais aguda do que a financeira, uma vez que todos os sectores necessitarão de trabalhadores. A imensa escala da reconstrução, desde a limpeza das fundações até à remodelação das casas e à procura de inquilinos, tornará esta tarefa assustadora, talvez impossível.

De certa forma, Ypres nunca se recuperará totalmente. A cidade, se reconstruída, será uma sombra do que era, uma lembrança dos horrores que ali aconteceram. A nova Ypres será um acampamento entre as ruínas, um assentamento temporário onde as pessoas se reúnem, mas nunca retornam totalmente à antiga vitalidade da cidade. Para as gerações vindouras, se não para sempre, Ypres continuará a ser um testemunho da violência sem sentido da guerra e da loucura daqueles que a causaram.

Imediatamente após a guerra, Ypres provavelmente se tornará um lugar de importância histórica. Atrairá turistas e turistas de todos os cantos do mundo. Surgirão hotéis e guias, e os turistas visitarão as ruínas em massa, ansiosos por testemunhar a destruição em primeira mão. Algumas pessoas sem dúvida lucrarão com este espetáculo macabro, transformando a tragédia da cidade numa fonte de renda. Este é um destino sombrio para o povo de Ypres, mas é inevitável. Quanto maior for o número de pessoas que visitam Ypres e conhecem a sua história, maior é a esperança no progresso da humanidade.

Se a fachada do Cloth Hall puder ser preservada, deverá ostentar uma inscrição comemorativa dos acontecimentos de 31 de julho de 1914, quando a Alemanha garantiu à Bélgica que respeitaria a sua neutralidade, apenas para violar essa promessa poucos dias depois. A inscrição seria:

"Em 31 de julho de 1914, o ministro alemão em Bruxelas deu uma garantia positiva e solene de que a Alemanha não tinha intenção de violar a neutralidade da Bélgica. Quatro dias depois, o exército alemão invadiu a Bélgica. Olhe ao redor."

Ao caminhar pelas ruínas de Ypres, não podemos deixar de sentir uma mistura de desprezo e raiva pelas tentativas descaradas do governo alemão de justificar as suas acções. As desculpas apresentadas pela Alemanha para as suas acções – mesquinhas, equivocadas e absurdas – contrastam fortemente com a realidade da destruição da cidade. No entanto, há uma certa satisfação sombria em saber que a Alemanha irá um dia arrepender-se do crime que cometeu. Os líderes que outrora se vangloriavam das suas proezas militares enfrentam agora as consequências das suas acções e provavelmente estão a tremer enquanto se preparam para enfrentar as consequências inevitáveis da sua arrogância e barbárie.

O FIM